김 형 석

2018. 9.

왜 우리에게
기독교가 필요한가

왜 우리에게
기독교가 필요한가

지은이 | 김형석
초판 발행 | 2018. 8. 29
15쇄 | 2025. 4. 29
등록번호 | 제1988-000080호
등록된 곳 | 서울특별시 용산구 서빙고로65길 38
발행처 | 사단법인 두란노서원
영업부 | 2078-3333   FAX | 080-749-3705
출판부 | 2078-3331

책 값은 뒤표지에 있습니다.
ISBN 978-89-531-3221-4 03230

독자의 의견을 기다립니다.
tpress@duranno.com   www.duranno.com

· 성경은 개역개정판을 사용했으며 다른 역본은 별도로 명시했습니다.

두란노서원은 바울 사도가 3차 전도여행 때 에베소에서 성령 받은 제자들을 따로 세워 하나님의 말씀으로 양육하던 장소입니다. 사도행전 19장 8-20절의 정신에 따라 첫째 목회자를 돕는 사역과 평신도를 훈련시키는 사역, 둘째 세계선교(TIM)와 문서선교 (단행본·잡지) 사역, 셋째 예수문화 및 경배와 찬양 사역, 그리고 가정·상담 사역 등을 감당하고 있습니다. 1980년 12월 22일에 창립된 두란노서원은 주님 오실 때까지 이 사역들을 계속할 것입니다.

왜
우리에게 기독교가
필요한가

100년의 지혜,
老 철학자가 말하는
기독교

김
형
석 지음

두란노

차례

2년 쯤 전이다. 한 기독교 TV에 출연한 일이 있었다. 부담
스럽기는 했으나 교회에 봉사해야 하는 잠재적 책임도 있었
기에 11회에 걸친 비교적 긴 내용의 대화와 강의에 응했다.

최근에 두란노서원에서 그 내용을 짜임새 있게 정리하여
한 권의 책으로 편집하고 성의를 갖추어 출판을 권유했다. 나
도 독자들을 위해서라면 출판하는 것이 좋겠다며 고맙게 수
락했다.

기독교 정신을 교회 안의 교리로만 소장할 것이 아니라 현
대인들을 위한 진리의 말씀으로 개방하고 싶었다. 예수님의
가르침은 교리를 위함이 아니고 만인의 가치관과 인생관을
설정할 수 있는 진리이기 때문이다.

우리 그리스도인들은 교회 안에서 자라고 교회를 위해 일
하면서 섬기는 것이 전부라고 생각하면 큰 잘못이다. 그리스
도인의 대표적인 공동체는 교회다. 그러나 교회주의에 빠져

서는 안 된다. 교회 밖에 있더라도 예수께서 원하신 하나님 나라의 건설에 참여해야 한다. 일터는 교회 안에 있지 않다. 이웃과 민족을 위한 사명을 책임지지 않는 사람은 신앙인 자격을 상실하게 된다.

사랑의 실천이 없는 기독교는 존재할 의의가 없다. 이웃과 겨레는 물론 인류가 겪고 있는 무거운 짐을 함께 지지 못하는 그리스도인은 상상할 수도 존재할 수도 없다.

이 책을 통해 그런 예수님의 마음을 전해 받을 수 있으면 감사하겠다.

2018년 여름
강연자였던 김형석

1강 ::

왜 우리에게
기독교가 필요한가

국가와 민족의 흥망성쇠를 좌우하는

종교의 역할

저는 성장하면서 '인생을 살아가고 사회생활을 하는 데 가장 소중한 건 종교일 것이다'라는 생각을 가지고 신앙생활을 시작했습니다. 그래서 '종교 제일'이라는 생각을 가지고 살았습니다. 그러다가 제가 인도에 다녀온 지 6개월 후에 인도에서 600명의 사상자를 낸 종교분쟁이 일어났습니다. 당시 전 큰 충격을 받았습니다.

인도 델리에는 회회교((回回教, 이슬람교) 사원인 모스크가 있습니다. 사원 안에 마호메트의 머리카락이 보존돼 있다고 해서 모든 이슬람교도들이 성지처럼 여기는 사원이었습니다. 문제는 그 머리카락이 없어졌는데 다른 종교인들, 즉 힌두교도들이 그것을 없애버렸다는 소문이 퍼진 것입니다. 그래서 힌두교도와 이슬람교도 사이에 갈등이 일어났고 그것이 종교분쟁으로까지 번진 것입니다. 사태를 진정시키려고 경찰이 투입되기도 했지만, 결국 그때 600명이 죽었습니다.

그 사건을 보면서 저는 이런 생각이 아주 강하게 들었습니다. '그 사원에 마호메트의 머리카락이 정말 있을 리도 없을 뿐더러, 또 그것이 없어졌다고 해서 600명을 희생시키는 종교라면, 오히려 그런 종교는 없는 편이 낫지 않을까? 그렇지 않으면 인류가 더 불행해지지 않겠나?' 또 '인도 사람들이 그런 종교적인 가치관을 벗어나지 못하는 한 세계에서 잘 사는 행복한 사회가 되기는 어려울 것 같다.'

저만 이런 생각을 가지고 있는 것은 아닌 듯합니다. 현대 그룹을 창설한 정주영 회장을 만날 기회가 있었는데 그분 역시 이렇게 이야기했습니다. "그간 동남아시아 여러 나라를 다녀본 바 불교 국가들은 오랜 전통적 가치관 탓에 경제 성장이 어려워 보였던 반면, 유교 국가는 경제 성장이 가능하겠다는 생각이 들었습니다. 종교에 대해 깊이 생각해본 적은 없지만 제가 느끼기에 종교의 영향이 그렇게 큽니다." 그분은 현실에서 보고 느낀 것을 말씀한 것이었습니다.

저 역시 나이 들고 세상을 오랫동안 관찰하다 보니, 우리 사회가 가지고 있는 문제들은 종교 외에도 여러 가지가 있지만 많은 부분에서 종교와 관련이 있다는 것을 깨닫게 되었습니다. 그래서 한 민족과 국가로서 어떤 종교를 선택하는 것이 옳은가 하는 것이 대단히 중요하다는 생각이 들었습니다.

한번은 제 친구인 안병욱 선생(1920~2013, 전 숭실대 교수)과 서울대학교 사학과의 한우근 선생과 함께 유럽 여행을 다녀왔는데, 여행 후 돌아와서 셋이 나눈 이야기 역시 종교 선택의 중요성에 대한 것이었습니다. 세계 일주를 통해 정치·경제·사회 전반에 걸쳐서 불교 사회가 가장 뒤처지고, 그다음이 유교 사회, 그다음이 기독교 사회라는 것을 확인했습니다. 말하자면 기독교 사회가 가장 발전했는데 천주교 사회보다는 개신교 사회가 전반적으로 앞서 있다는 느낌이 들었습니다. 그것을 보면 사회 발전에서 종교 선택이 다른 무엇보다 큰 비중을 차지한다는 것을 알 수 있다는 이야기였습니다.

그날 이후로, 나 자신이 종교를 식별하는 데 책임감을 가져야겠고, 우리 종교, 즉 기독교의 사회적 책임에 대해서도 다시 한 번 새롭게 고민해보아야겠다는 생각이 들었습니다.

미국 시카고대학의 교수이자 세계적인 종교학자 마르체아 엘리아데(Mircea Eliade)가 이 문제에 대해서 아주 적절한 해답을 주었습니다. 그의 관점은 세계 모든 종교가 자연과 자연 질서에서 나왔다는 것입니다. 사실 그럴 수밖에 없습니다. 문명 이전에는 지구에 인간과 자연밖에 없었습니다. 그래서 인간이 자연에서 철학도 만들고, 사상도 받아들이고, 모든 종교도 그로부터 비롯됐습니다. 원시 종교인 토테미즘, 애니미즘이 다 자연에서 나왔고, 그것보다 조금 더 발달한 형태의 종교들, 인도의 힌두교나 자이나교, 불교뿐 아니라 고대 그리스인들이 가졌던 종교도 전부 자연에서 비롯된 것입니다. 동양의 유교는 말할 것도 없습니다. 하늘을 섬기는 것이나 무위자연설을 근간으로 하는 도교 역시 자연으로부터 나온 개념입니다.

이렇게 모든 종교의 기원이 자연인데, 유독 한 종교만 자연에서 나오지 않았다는 것입니다. 바로 구약의 아브라함으로부터 시작해서 모세를 통해 이스라엘 민족이 이루어졌다는 것, 그러니까 지금 우리가 아는 구약 내용을 바탕으로 하는 종교는 자연의 질서와는 관계없이 탄생한 유일한 종교라고 합니다. 이 구약에서 기독교가 나오고, 또 이슬람교가 나와서 중동지역을 차지하게 됐습니다. 저는 이슬람교 경전인 코란을 읽어본 바 있습니다만, 구약과 코란 사이에는 다른 점이 거의 없었습니다. 실질적으로는 내용이 같았습니다. 예를 들면 "눈은 눈으로 갚고 이는 이로 갚아라"(출 21:24, 레 24:20, 신 19:21)라는 유명한 구절도 두 종교에 그대로 연장되어 남아 있습니다.

지금까지도 유대인들과 이슬람교도들이 싸우고 있지 않습니까. 제 생각에 앞으로 100년이 지나도 그 두 민족이 평화롭게 살 수는 없을 듯합니다. 왜냐하면 그게 그들의 신앙이기 때문입니다. 그런 종교를 고집해서 유지할 바에는 차라리 종교 없는 사람들이 더 행복하게 살 것이라는 생각이 듭니다. 그런 맥락에서 종교가 없는 것이 종교가 있는 것보다 낫다고 여기는 사람들이 많다고 합니다. 예를 들면 독일의 철학자 카를 야스퍼스나 영국의 역사학자 아널드 토인비도 공산주의는 100년을 못 가서 없어질 테지만, 종교분쟁은 앞으로도 몇백 년 더 지속될 거라고 우려했습니다.

그렇다면 기독교는 어떤 종교일까요? 기독교 구약의 줄기가 되는 내용은 코란과 똑같지만, 예수님께서 오셔서 신약이 시작된 데서부터 그 줄기가 갈라집니다. 말하자면 예수님은 구약이라는 계란 속에서 병아리처럼 그 껍질을 깨고 나온 것입니다. 이슬람교는 아직도 계란 속에 있고요. 계란을 깨고 나와서 출발한 게 우리 기독교라는 점에서 두 가지가 확실해집니다. 첫째는 자연종교가 아닌 유일신을 믿는 종교로서 구약과 신약을 토대로 하고 있다는 점, 둘째는 구약의 연장이 아닌 인류와 세계 종교로 개편된 예수님 이후의 종교라는 점입니다. 이 두 가지는 예수님 이전 종교와 확실히 구별되어야 합니다. 그것을 구별하지 않고 그저 종교라는 이름으로 다 같은 것으로 취급하면 종교가 인류에게 행복을 주는 것이 아니라 오히려 폐단이 될 것입니다.

천주교는 또 어떤가요? 예수님이 돌아가신 다음부터 종교개혁 전까지의 기독교는 대개 지금 우리가 알고 있는 천주교뿐이었습니다. 예수님 돌아가시고 서기 430년 아우구스티누스가 세상을 떠날 때까지는 기독교가 순수했습니다. 그런데 그 기독교가 로마의 국교가 되면서 점점 세상이 기독교의 왕국이 되었습니다. 기독교가 조직과 세력을 불리는 데 취해 있는 동안 본말이 전도되어버린 것입니다. 예수님의 정신과 말씀보다 교회 자체가 중요해지고, 예수님의 정신을 따르지 않게 된 것입니다. 결국 서양 대부분의 나라가 기독교 사회가 되면서 기독교가 지나치게 세속화되었습니다. 교회에서 하는 것이 예수님의 뜻과 멀어지고 교회가 세상의 왕국보다 더 높은 조직이 되었습니다. 성경은 성직자들이나 읽을 수 있고 일반 사람은 읽지 못하지 않았습니까? 그래서 기독교가 자꾸만 병들어가게 되었습니다. 그러다 그 병이 고비를 맞이합니다. 그 고비가 바로 서양 역사에서 말하는 르네상스, 즉 문예부흥과 종교개혁입니다.

세계 역사 속에서
교회사를 어떻게 볼 것인가

세계사에서 교회사만 따로 떼어서 독립적으로 연구하는 교회사 전공자들이나 교회 울타리 안에서는 저와 다르게 생각할 수도 있겠지만, 세계 역사 속의 교회사, 즉 교회사와 더불어 세계 역사를 함께 살펴본 바로는 아주 솔직하게 말하자면, 르네상스가 시작되면서 교회는 버림받았다고 할 수 있습니다. 그러나 기독교 정신이 버림받은 것은 아닙니다. 기독교 정신은 인문학과 휴머니즘으로 이양하고 천주교는 교리만 찾는 종교로 밀려난 셈입니다. 그래서 기독교가 위기에 처하게 되었고, 마르틴 루터가 종교개혁을 일으켜서 다시 기독교를 살립니다.

종교개혁의 취지는 한마디로, '성경으로 돌아가자'입니다. 마르틴 루터는 지금으로 말하자면 신학대학 교수로서 성경을 번역한 사람인데, 그가 성경 원문을 독일어로 번역하고 연구하면서 그때까지의 교회, 즉 천주교에서 하는 일들이 성경 말씀과 어긋나는 게 너무 많다는 것을 깨닫게 됩니다. 결국 그런 어긋남을 배제하고 성경으로 돌아가야 한다는 생각을 한 것입니다. 앞에서도 말했지만 루터 이전의 성경은 일반인들이 읽지 못하는 글로 쓰였기 때문에 성직자만 읽을 수 있었는데, 루터가 보통 사람들도 읽을 수 있도록 성경을 독일어로 번역했습니다. 특히 학자들이 성경을 직접 읽기 시작하면서 천주교에 대해 문제의식을 갖고 개혁하려는 움직임이 일어난 것입니다. '천주교는 기독교 정신이 아니다. 기독교 정신으로 다시 돌아가야 한다'라는 의식을 반영한 움직임이 종교개혁입니다. 바로 종교개혁을 통해 우리 개신교가 나오지 않았습니까?

물론 천주교에서는 처음에 반기를 들고 일어난 개신교를 거부했지만 시간이 지나자 받아들일 수밖에 없었습니다. 역사가들이 변증법에 대해서 얘기할 때 이런 비유를 듭니다. 천주교라는 어머니가 개신교라는 아이를 잉태했는데, 낳지 않으려고 무진 애를 썼다고 말입니다. 그런데 그 아이를 낳지 않았으면 어떻게 되었겠습니까? 아이도 태어나지 못하고 어머니도 죽습니다. 기독교 자체가 그때 그런 위기를 맞이했던 것입니다. 그런데 개신교가 나왔기 때문에, 개신교도 살 뿐 아니라 천주교도 다시 살게 되었습니다. 이렇게 종교개혁으로 기독교 전체가 새로운 생명을 가지게 되었고, 그 역사가 오늘날까지 몇백 년 이어져 내려왔습니다.

가만 보면 천주교는 지난 20세기에 큰 변화를 만들었습니다. 1천여 년 동안 바티칸 궁으로 상징되던 천주교의 방향을 몇십 년 동안 바꿔놓은 것입니다. 그 개혁의 한 부분을 맡은 사람이 바로 우리나라의 김수환 추기경입니다. 바티칸 회의에서 개혁을 주도하고 가톨릭의 방향을 바꾼 책임자는 교황 바오로 6세(1963~1978년 재위)로, 그분이 천주교를 개혁하려

고 노력하던 중에 김수환 신부를 만나게 되었습니다. 그러고
는 두 분의 생각이 서로 같다는 것을 알게 됩니다. 그래서 동
양인이고 젊은 나이지만 추기경으로 오라고 김수환 신부를
부른 것입니다. 이런 노력을 통해 천주교는 지난 20세기 동안
에 새로워졌습니다. 그때까지는 교회가 사회 위에 있고 사회
가 교회를 섬겨야 한다는 생각이 지배적이었는데 이제는 교
회가 아래로 내려가서 사회를 섬겨야 한다는 생각으로 의식
의 변화를 가져왔던 것입니다. 그래서 모든 천주교회는 재산
소유가 금지되고 관리만 허용되었습니다. 그러고는 전반적으
로 '사회를 위한 교회, 사회를 섬기는 교회'로 방향을 바꿨습
니다. 아마 1세기쯤 지나면 더 바뀔 것 같습니다. 바오로 6세
다음 교황인 요한 바오로 2세(1978~2005년 재위)와 현 교황인 프
란치스코 교황도 그런 노력을 하고 있으니까요.

우리 민족에게

종교란 무엇인가

우리나라 종교는 어떻습니까? 단군 이래로 지금까지 내려
오는 종교는 자연 종교입니다. 그중 가장 큰 흐름이 샤머니즘

이에요. 예를 들면 삼성그룹을 창설한 이병철 회장이 신라호텔을 짓는 중에, 철근 골조까지 세워놓고는 1년을 중지했다가 다시 지었던 적이 있습니다. 저는 왜 저렇게 좋은 호텔을 중단했다가 지었을까 의아했었습니다. 후에 알고 보니, 그분이 점을 쳤더니 그 해에 집을 지으면 좋지 않은 일이 생긴다는 점괘가 나와서 1년을 쉬었다는 것입니다. 마찬가지 예로 과학적인 업적을 많이 남긴 회사로 잘 알려져 있는 포항제철도 그렇습니다. 그 회사의 창설자인 박태준 회장도 정치계 진출 여부를 놓고 고민할 때는 항상 점술가한테 다녀온 다음에야 결정했다고 합니다. 제 주변에도 그런 사람들이 많습니다. 정말 안 그럴 것 같은 사람들도 그렇습니다. 종교가 없다고 말하는 사람들 대부분은 사실 샤머니즘을 믿고 있다고 말할 수 있습니다.

이렇게 우리나라에는 샤머니즘이 강합니다. 심지어 우리나라의 불교도 시간이 흐르면서 샤머니즘과 결합되어 버렸습니다. 독일의 윤리학 백과사전 편찬위원회에서 우리나라 불교에 대해 연구하면서 관련 자료를 H.듀몰린 교수에게 부탁한 적이 있습니다. 그분은 일본 불교를 연구한 학자입니다. 제가 그 백과사전 편찬 책임자를 만나서 한국 불교에 관련된 분들을 소개해주면서 함께 대화를 나누게 되었습니다. 그가 말하길, 한국 불교에서 샤머니즘을 빼면 남는 게 없겠더라고 하는 것입니다. 그래서 제가 원불교를 가보라고 제안했습니다. 그가 원불교에 가서 그쪽 분들을 만나보곤 또 이렇게 말했습니다. "원불교는 확실히 재래불교에서 윤리적인 면을 되찾았지만 때가 늦었다." 즉 원불교의 내용이 좋긴 하지만 사회가 어떤 종교의 영향을 받아들이기에는 이미 너무 발전했기 때문에 원불교가 주도적인 종교가 되기는 어렵겠다는 말이었습니다.

우리나라에는 불교 외에 유교도 있습니다. 유교는 예로부터 내려온 전통으로 종교라기보다는 윤리나 도덕이라고 하는 것이 타당할 것 같습니다.

그다음으로는 천도교를 들 수 있습니다. 천도교에서 시천교가 나오기도 했지만, 천도교도 세력이 약화돼서 지금은 거의 찾아볼 수 없습니다. 아무튼 천도교의 근본 사상은 두 가지입니다. 하나는 '사람이 곧 하늘이다(人乃天)'라는 동학사상과 맥을 같이 하는 철학이고, 다른 하나는 '사인여천(使人如天)' 사상입니다. '사람을 섬기기를 하늘을 섬기듯 하라'는 뜻입니다. 하지만 '인내천'과 '사인여천'은 동양철학 및 유교 전통에서 나온 사상이지 종교라고 하기는 어렵습니다.

그러면 이제 우리가 이야기할 수 있는 종교는 기독교가 남습니다. 즉 천주교와 개신교인데, 천주교는 프랑스 선교사를 통해서, 개신교는 미국 선교사를 통해서 우리나라에 들어왔습니다. 두 종교 모두 우리나라에 처음 들어올 때는 순수한 복음으로 전해졌습니다. 또 당시에는 우리 사회의 문화 수준이 그리 높지 않은 편이었습니다. 결과적으로는 우리가 서양 종교를 받아들인 것이 우리 민족이 정신적으로 다시 태어나는 계기가 됐습니다.

저는 평양에서, 선교사들 밑에서 자랐기 때문에 더 잘 압니다. 그때 그 선교사들이 교육기관과 병원을 많이 지었고, 또 전래의 잘못된 가치관을 바꾸는 데도 많은 일을 했습니다. 연세대학교와 세브란스 의과대학, 이화여자대학교, 숭실대학교 등도 다 그들이 세웠습니다. 이름 있는 큰 사립대학 가운데 해방 즈음에 우리 손으로 세운 학교는 고려대학교밖에 없습니다. 아무튼 기독교가 처음에 한국에 들어올 때는 순수하게 받아들여졌다고 할 수 있습니다.

그러나 그 뒤 거의 100년 동안 한국 기독교가 성장하면서,

사람들이 기독교를 받아들이고 교회를 너무 열심히 다니다보니 '기독교가 곧 교회, 교회가 곧 기독교'라는 잘못된 생각을 조금씩 하게 된 듯합니다. 저도 그렇게 생각했었고요. 하지만 이런 생각은 이제 버려야 합니다.

오히려 지금의 천주교는 교회가 사회를 위해 존재해야 한다는 원칙을 확립했는데, 우리 개신교는 여전히 교회를 섬기는 것이 신앙의 전부라는 생각에 얽매여 있지 않나 생각해봅니다. 아마 개신교가 대교회가 되면서, 교회들이 서로 규모와 위세로 경쟁하는 동안 교회주의에 빠진 것이 아닌가 합니다. 이런 경향에 대해서는 저뿐만 아니라 누구나 걱정합니다만, 어떤 사람들은 그 대안이라면서 무교회주의를 주장하기도 합니다. 그러나 저는 무교회주의는 애초에 성립할 수 없는 주장이라고 생각합니다. 그 주장에 대해서는 일단 논외로 하고 나중에 기회가 되면 더 말씀드리겠습니다.

사회가 요구하는 진리를
찾아주는 교회

그렇다면 교회란 무엇일까요? 하나님의 말씀에 뜻을 둔 신도들이 예수님의 마음과 교훈을 믿고 따르기 위해서 모이면 기독교 공동체가 됩니다. 이 기독교 공동체의 모체이자 대표가 교회입니다. 그러니까 세브란스병원, 연세대학교도 하나의 기독교 공동체라고 할 수 있습니다. 교육을 통해서, 또 병원을 통해서 기독교로 모이는 것입니다. 만약 공장에서 전도한다고 하면, 그것도 하나의 기독교 공동체입니다. 하지만 그 공동체들의 모체는 교회입니다. 그러니 이 교회는 모든 기독교 공동체와 더불어 사회에 봉사하고 기여해야 하는데, 교회가 커지니까 도리어 신앙이 교회로 시작해서, 교회를 위해서 살다가, 교회로 끝나버립니다. 교회가 목적이 되어버리는 것이죠. 교회는 목적이 되면 안 됩니다.

성경의 사복음서를 보면, 예수님은 한 번도 "좋은 교회, 큰 교회, 훌륭한 교회 만들어라"라고 요청하지 않으셨습니다. 지금의 우리는 교회 때문에 사는데 예수님은 그런 말씀을 하지 않으셨습니다. 그럼 예수님 말씀에는 교회 대신 무엇이 있습니까? 하늘나라, 하나님의 나라가 있습니다.

예수님의 재림에 대한 문제도 마찬가지입니다. 예수님의 재림에 대해 교단마다 혹은 믿는 사람마다 다 다르게 봅니다.

왜 우리에게 기독교가 필요한가

재림이란 하늘나라가 이루어짐으로써 예수님이 우리에게 오시는 것이라고 생각합니다. 우리가 하늘나라 없이 예수님이 오시는 재림을 원하는 것은 아닙니다. 그러니까 그 희망을 다시 찾기 위해서는 교회가 목적이 아니고 수단이 되어야 합니다. 교회가 사회를 섬겨야 합니다. 천주교는 오히려 그 방향을 찾고 우리(개신교)는 못 찾은 것이 아닌가 돌아보게 됩니다.

개신교가 그렇게 헤매는 동안 더 어려운 문제가 생겼습니다. 이것이 가장 걱정스러운 점인데요, 유럽에 가보면 교회가 다 문을 닫고 있습니다. 제가 1972년에 덴마크 코펜하겐에 갔다가 어느 교회에 예배를 드리러 간 적이 있습니다. 그 나라는 기독교가 국교니까 다섯 명이나 되는 목사님이 예배를 이끌어가지만, 11시 예배에 갔더니 예배 드리러 온 사람이 30명이 채 안 되었습니다. 그다음 주일에 영국 런던에 가서 본 바로는, 영국의 교회도 교인이 안 모이니까 두 교회가 하나로 합쳐버렸습니다. 천주교는 개신교보다 워낙 인구수가 많지만, 바티칸에 가서 미사에 참석해보면 이탈리아 사람들만 모인 것이 아니라 전 세계 신부님들과 수녀님들 500명 정도가 모여서 미사를 드리는 모습을 볼 수 있습니다. 정작 교인들은 특별한 때만 가고 평소에는 교회에 가지 않습니다. 일본도 그렇게 됐습니다.

그것을 보면서 '교회가 왜 저렇게 되어가고 있는가?' 하는 안타까운 생각이 들었습니다. 교회 성장이 멎었습니다. 그러는 동안 과학과 도덕과 인문학 같은 사상들, 즉 교회 바깥 사회는 학문적으로 꾸준히 성장했습니다. 그런 맥락에서 우리나라도 국민 교육수준이 더 향상될수록 사람들이 교회를 좀 더 멀리하지 않을까 하는 생각이 듭니다.

그렇다면 교회도 교인들을 계속 성장시켜야 할 텐데, 어떻게 하면 그 책임을 감당할 수 있을까요? 교회가 교리만 찾고 종교적 진리에만 머무를 게 아니라 사회가 원하는 진리를 제시할 수 있어야 합니다. 사람들이 그 진리를 교회에 와서 찾고 받아들일 수 있어야 한다는 얘기입니다. 예를 들면 정치인들이 민주주의나 민주정치에 대해 고민하다가 '목사님을 만나보고 설교를 들으면 아마 길을 찾을지도 모른다'는 생각에 교회를 찾을 수 있어야 합니다. 또 기업가들이 '내가 지금 돈을 벌어 부자가 되었지만, 기업의 목표는 어디에 있을까?' 하는 회의에 빠졌을 때 역시, '교회에 가서 목사님 설교를 들으

왜 우리에게 기독교가 필요한가

면서 기업윤리 같은 걸 좀 배워야겠다'라고 생각하고 교회에 나올 수 있어야 합니다.

교회 안에만 있으면 교회라는 울타리를 벗어난 바깥 사회가 얼마나 발전하고 변하고 있는지 잘 모릅니다. 요컨대 이제 교회는 사회가 요구하는 진리를 찾아주는 방향으로 변해야 한다는 것입니다.

우리 민족과 국가를
하늘나라로 바꾸는 책임과 사명

그렇다면 교회가 이 사회에 전해주어야 할 진리는 무엇일까요? 이에 대해서는 다들 막연하게 생각합니다. 저는 이 문제와 관련해 한국 불교사에 남을 유명한 승려인 효봉 스님에 대한 이야기를 해볼까 합니다. 그분은 스님이 되기 전 일제강점기 때 법관, 즉 판사를 지낸 존경받는 분이었습니다. 이분이 어느 재판에서 한 사람에게 사형을 언도해서 형이 집행되었습니다. 그런데 몇 년 후 자기가 전에 처리했던 재판들을 정리하다가 오류를 발견하게 됩니다. 본인이 사형을 선고했던 사람이 아니라 다른 사람이 범인이라는 걸 알게 된 것입니다.

이미 무고한 이의 사형이 집행된 다음에요. 그러니 그분이 법관 양심상 얼마나 힘들었겠습니까. 어디 가서 죄 사함을 받을 수 있겠는가 말입니다. 그래서 그분은 법복을 벗고 애초에 자신이 왜 법관이 됐나 고민하다가 불교에 귀의했습니다. 금강산으로 가서 평생 사죄하는 삶을 살았습니다.

효봉 스님이 마주한 것과 같은 양심의 문제를 해결해줄 수 있는 분, 그런 인간의 죄를 대신하여 양심의 무거운 짐을 덜어줄 수 있는 분은 제가 보기에 오직 예수님뿐입니다. 그 외에는 길이 없습니다. 다른 성현들은 이런 문제에 대해서는 답하신 바 없습니다.

저는 사람들에게 공자의 《논어》를 많이 읽어보라고 권합니다. 《논어》에 따르면 선하고 아름다운 인간관계로 사회를 바꾸자는 것이 그의 뜻입니다. 그런데 공자는 종교 문제에 대해서는 답하지 않았습니다. "나는 그것에 대해서는 모른다. 그건 내 영역이 아니다"라고 말합니다. 바로 이 영역에 대해 해답을 줄 수 있는 종교가 기독교가 돼야 합니다.

그다음으로 기독교가 답해주어야 할 문제는 '인류에게 희망이 있는가?' 하는 것입니다. 최근에는 인류와 인공지능과의

왜 우리에게 기독교가 필요한가

공존 문제가 전 세계적인 화두가 되었습니다. 또 핵무기도 개발됐고, 대부분의 국가가 몇 차례씩 전쟁을 겪었거나 겪고 있습니다. 이런 상황에서 우리가 인류를 구원할 수 있을까요? 다들 그건 불가능하다고 생각합니다. 세계적인 철학자 버트런드 러셀, 그리고 우리가 잘 아는 천재 과학자 알베르트 아인슈타인이 세계 각국의 정치 책임자들한테 "핵무기를 이렇게 많이 개발해놓고 평화를 원한다는 건 말이 안 된다"라는 메시지를 보낸 바 있습니다. 이것은 인류의 파멸이라는 의미입니다.

프랑스의 앙리 베르그송이라는 세계적인 철학자는 이 문제에 대해 깊이 고민했습니다. 일본의 한 원로 철학자가 제1차 세계대전 후에 프랑스에 가서 전쟁의 비극을 목격한 뒤에 베르그송을 만나서는 "당신은 인류에게 희망이 있다고, 즉 평화가 가능하다고 보십니까?" 하고 물었답니다. 이에 베르그송이 답하기를, "지금까지는 그렇게 믿고 있었습니다. 인류의 역사를 인류가 구원하지 못하면 구원받을 길이 없다고 말입니다. 그러나 이번 전쟁을 겪고 보니 인간은 이보다도 더 무서운 비극과 파멸을 가져올 것이라 생각하지 않을 수 없었습니다. 인간은 인간을 구원할 수 없습니다. 제3자, 인류보다 더 높은 존재가 우리에게 주는 교훈을 받아들이지 않으면 인류에겐 희망이 없습니다"라고 했답니다. 그후 그 일본 철학자가 베르그송을 만나서 나눈 얘기를 글로 발표했습니다. 제가 학생시절에 그 글을 보고는, '그런 비극 앞에 베르그송도 마침내 종교를 인정했구나' 하고 생각했습니다.

1941년 베르그송이 세상을 떠났을 때 일본의 〈아사히신문〉 1면에 베르그송이 세상을 떠나기 2년 전에 그리스도인이 되었다는 내용이 실렸습니다. 그는 신부를 찾아가서 사도신경에 나오는 신앙고백을 하고 세례를 받았습니다. 그러고는 신부에게 자기가 살아 있는 동안에 그리스도인이 됐다는 것이 세간에 알려지면 여론 때문에 조용히 살 수 없을 테니 자기가 죽기 전까지는 다른 사람들에게 그 사실을 알리지 말아달라고 부탁했답니다. 그래서 베르그송 사후에 그 사실이 알려진 것입니다. 베르그송이 얻은 답도 결국 인류에게는 희망이 없다는 것이었습니다.

그런 의미에서 종교 문제를 좀 더 넓게 역사적으로 조명하고 우리가 속해 있는 교회와 기독교도 그런 시각에서 바라보

왜 우리에게 기독교가 필요한가

아야 합니다. 그러고 나서 나와 우리가 해야 할 일이 무엇인가를 생각해보면, 기독교는 우리가 받아들여야 할 유일한 종교임을 확인하게 됩니다. 또 우리가 예수님과 함께 있기에 그 책임을 질 수 있는 것입니다. 교회가 교회만의 진리가 아니라 사회가 묻는 진리에 답해주어야 하는 이유는 우리 그리스도인들에게 우리 민족과 국가를 하늘나라로 바꾸는 책임에 동참하는 특전과 사명이 주어졌기 때문입니다.

제 말이 실현되기 어려운 이야기는 아닙니다. 이 사명을 받아들이고 나서 50년, 100년쯤 지난 뒤에는 기독교가 그러한 진리와 희망을 가진 종교라는 사실이 더욱 확고해지는 계기가 되지 않을까 합니다.

무엇을 위해서 살 것인가

성경에 보면 가이사의 것과 하나님의 것을 구별하라는 말이 나옵니다. 이것은 당시에 있었던 로마적인 가치관과 유대교적인 가치관의 대립을 상징합니다. 당시는 이것에 대해 타협할 수도 없고 둘을 혼동할 수도 없던 때였습니다. 그런데 지금은 가이사의 것과 하나님의 것을 꼭 갈라놓고 사는 시대가 아니라 그것들이 함께 섞여 있습니다.

그렇다면 누구나 가지고 있는 가치관, 즉 '무엇을 위해서 어떻게 살 것인가?' 하는 질문에서 '무엇을 위해서'라는 것은 목적이 됩니다. 내 인생의 목표가 돈 버는 것, 출세하는 것, 권력을 가지는 것이라면 세속적인 것이고, 그 목표가 그리스도의 뜻이 우리와 더불어 이루어지는 데 있다고 생각하면 그건 가이사의 것이 아니라 하나님의 것입니다. 그래서 가장 중요하게 생각해보아야 하는 것은 바로 '내 인생의 목표가 그리스도와 같은가?' 하는 것입니다. 문제는 거기에 있습니다.

그런데 인생의 목표가 예수님과 같은 것이라고 해도 우리는 부족한 인간이기에 예수님보다 뒤처지는 부분이 있기 마련입니다. 예를 들면 교회도 열심히 다니고 헌금도 많이 하는 것은 세속적인 가치입니까, 아닙니까? 그런 행동이 내 소유를 위해서 하는 것이라면, 그러니까 돈을 벌기 위해서, 권력을 얻기 위해서, 명예를 누리기 위해서라면 그것은 잘못된 방향의 가치입니다. 대신 내 소유만을 위해서가 아니라 더불어 사는 것을 중요하게 생각하는 것은 예수님의 목표에 반쯤은

왜 우리에게 기독교가 필요한가

다가가 있는 것이라고 할 수 있습니다. 반은 인간사회에서 행복하고 반은 예수님의 목표와 함께하는 것이지요. 또 이 모든 것을 예수님이 원하시는 데까지 끌어올리기 위해서 앞장서는 것이 교회가 줄 수 있는 가치입니다.

2강 ::

교회의 본분과
책임은 무엇인가

자신보다 국가를
먼저 걱정하는 사람들

인간은 사회적 존재입니다. 사회를 떠나서는 살 수 없고, 사회와 더불어 살게 되어 있는 존재가 인간입니다. 생각해보면 내가 세상에 태어났다는 것은 사회 안에 왔다는 것이고 죽었다는 것은 사회를 떠났다는 뜻입니다. 그러니 사람이 사는 동안에는 사회생활을 할 수밖에 없습니다.

후진국이나 과거 사회에서는 생활의 단위가 '나'와 '내 가정'이었습니다. 몇십 년 전만 해도 동남아 등지에서 국부적으로 전쟁이 나면, 그 전쟁에 나가는 군인들로 하여금 가족들을 다 데리고 전투 지역에 머물도록 했습니다. 가정 자체가 전투지로 옮겨가는 것이죠. 낮에는 나가서 전투하고 밤에는 들어

와서 자고 다음날 또 전투하는 식이었습니다.

우리나라 역사를 보면, 3·1운동 전까지는 사람들의 생활 단위가 '나'와 '내 가정'의 범위를 거의 벗어나지 못했습니다. 그점 하나만 봐도 우리가 당시까지는 후진국이었다고 할 수도 있습니다. 그러나 3·1운동 후에는 사회적인 단계에 도달하게 되었습니다. 나라를 빼앗기고 살아보니 가정만 중요한 게 아니라 나라가 잘되어야 한다는 생각을 하게 된 것입니다. 그래서 그때부터 의식이 성장하다가 한국전쟁을 겪고 오늘날에 와서는 사회의 단위가 국가가 됐습니다.

성경을 읽어봐도 아브라함에서 요셉의 대까지는 생활의 단위가 가정에 머물러 있다가, 이집트를 나와 가나안으로 온 다음부터는 생활의 단위가 국가와 민족이 됩니다.

꽤 오래전에 종로에서 세무사로 일하는 최 선생을 만나러 그의 사무실을 들른 적이 있습니다. 그분이 저를 맞이하면서 "우리나라 마라톤을 개척한 손기정 옹(2002년 별세)이 방금 사무실에 다녀가셨습니다"라고 말했습니다. 그래서 제가 무슨 일이었냐고 물었습니다. 손기정 옹이 오셔서는 최근에 당신이 상을 하나 받아서 상금이 약간 생겼는데, 그 상금을 쓰기

교회의 본분과 책임은 무엇인가

전에 세금을 먼저 내야겠다는 생각으로 왔다며 납세 절차를 좀 도와달라고 부탁하셨답니다.

그래서 최 선생이 "선생님은 연세도 높으시고 직업이 있는 것도 아니시니 신고 안 해도 괜찮습니다" 했더니 손기정 옹이 이렇게 말씀하셨다고 합니다. "내가 지금까지 한평생 사는 동안 대한민국이 주는 혜택을 얼마나 많이 받았는데, 공짜 돈이 생겼을 때 세금 좀 내고 가면 내 마음이 편할 것 아닌가. 날 좀 도와주게." 그래서 최 선생이 세금을 계산해서 그 내역을 보여드렸답니다. 그런데 손기정 옹께서 쓱 보시고는 이것밖에 안 되냐면서, 좀 더 많이 내는 방법도 있지 않느냐고, 그렇게 계산해달라고 하셨답니다. 그래서 그가 많이 내는 쪽으로 계산해서 내역을 보여드렸더니, 그제야 그만하면 됐다고 기쁜 얼굴로 만족하시더랍니다.

최 선생이 저에게 이렇게 이야기했습니다. "선생님, 사실 저는 지금까지 한 번도 제가 나라에서 주는 혜택을 받으며 살고 있다는 생각을 해본 적이 없습니다. 그런데 그 어른이 와서 그런 얘기를 하고 가시니까, 나라 없는 때에 사신 분들은 우리하고 생각이 다르구나 싶었습니다." 그러더니 저한테도 일제강점기를 사셨으니 그런 생각을 하느냐고 묻더군요. 그래서 제가 "나는 해방 후 2년을 북쪽에 있다가 나왔습니다. 그때 대한민국이 나를 받아주지 않았다면, 내가 대한민국의 품으로 오지 못했다면 지금쯤 내가 세계 어디에서 떠돌이 생활을 했을지 모릅니다. 그때 대한민국이 날 받아줬으니까 내가 지금 이렇게 사는 것이라고 생각합니다. 내가 비록 대한민국을 위해서 도움을 주지는 못해도 그 사실을 잊을 수는 없습니다"라고 이야기했습니다.

손기정 옹 같은 분들 덕분에 오늘날까지 대한민국이 유지되어온 것입니다. 그런데 요즈음 우리 정치인들을 보면 '저분들도 나라 걱정을 하고 있나?' 하는 의문을 갖게 됩니다. 또 사회지도층이라는 사람들을 봐도 '대한민국이 없어지면 본인들은 잘살 줄 아나?' 하는 생각이 듭니다. 한번은 신문을 보니까 '대우조선 사태' 이야기가 났더군요. 경영자들이나 산업 관련자들, 은행 간부들은 다 국가로부터 많은 혜택을 받고 산 사람들인데도 어쩌면 저렇게 책임을 안 지려고 할까 의문이 들었습니다. 그래도 지도자들만은 나라 걱정을 먼저 해야 할 텐데 현실은 그렇지 않으니 그저 안타까울 뿐입니다.

교회의 본분과 책임은 무엇인가

앞에서 "사회생활의 기본 단위는 이제 국가가 됐다"라고 말한 것은, 저에게 특별한 애국심이 있다거나 저의 생각이 남보다 앞섰기 때문이 아닙니다. 그렇게 살지 않으면 안 되는 것이 현실이고 지금까지의 역사이기 때문입니다. 나만을 위해 산 사람은 남는 것이 없습니다.

교회의 사회적 책임이
국가의 장래를 좌우한다

국가 안에는 여러 공동체가 있습니다. 그 공동체 가운데 가장 소중하고 귀하게 여겨야 하는 공동체가 교회입니다. 기독교 공동체인 교회가 어떤 생각을 가지고 있고 국가와 민족을 위해서 무슨 일을 하고 있는가 하는 것은 대한민국의 장래를 좌우할 만큼 중요한 문제입니다. 교회는 예수님이 우리와 더불어 같이 계시는 공동체이기 때문에, 절대로 다른 공동체와는 비교할 수 없을 정도로 모범을 보여야 합니다. 그런데 제가 살면서 지켜보니, 우리 교회가 사회적 책임을 질 줄 모르고, 감당하지도 못하고 있는 것은 아닌가 반성하게 됩니다.

정말 뜻밖의 일들도 있습니다. 미국 어느 신학대학의 유명한 교수님이 한국 교회가 계속 부흥하는 것을 보고, 도대체 한국 교회가 어떻기에 부흥하는 것인지 직접 확인해보고자 우리나라에 왔습니다. 그 교수님의 제자가 연세대학교 신학과 교수였는데, 우리나라에 와서 그 제자에게 몇몇 교회들을 소개받고, 주일에는 서울에서 제일 큰 교회에 한번 가봤으면 좋겠다고 했답니다. 그래서 제자가 교수님을 그 교회로 안내했습니다.

교회에서 예배를 드리고 다음 차례 예배가 되면 나오는 사람들과 들어가는 사람들로 통로가 복잡해지지 않습니까? 그런데 들어가는 사람들이 마치 파도처럼 몰려오니까 부딪혀 넘어질 위험도 있어서 두 사람이 조금 피해서 사람들이 지나가기를 기다렸습니다.

기다리던 중에 그 교수님이 제자에게 조심스럽게 천천히 올라가도 될 텐데 교인들이 왜 이렇게 뛰어가는지 물어봐달라고 했습니다. 그래서 그 제자 교수가 교인에게 물었습니다. "천천히 올라가도 되는데 왜 이렇게 열심히 뜁십니까?" 그랬더니 그 교인이 이렇게 답했습니다. "목사님이 앞자리에 앉아야 복 많이 받는다고 해서 뜁니다." 그 대답을 듣고는 그 교수님이 알겠다고 하셨답니다. 그 알겠다는 말이 사실, '한국 기독교가 기복신앙을 지닌 것 아닌가' 하는 걱정이었겠죠.

마찬가지 사례입니다만, 제가 어려서 평양에서 자랄 때, 제 누님 중 한 사람이 수녀 수업을 받고 있어서 천주교회를 가본 적이 있습니다. 그 천주교 성당의 앞자리에 방석들이 있었는데, 그 자리는 돈 주고 사는 자리였습니다. 주로 돈 많은 부자들이 그 자리를 샀습니다. 그래서 그 자리는 그 사람이 안 오면 비어 있었습니다. 그렇게 돈 주고 자리를 사는 것도 좋은 자리에 앉아서 복을 더 많이 받겠다는 마음에서 기인한 것이었겠지요.

이렇게 강한 전통을 가진 우리 민족의 신앙이 바로 앞에서 얘기한 샤머니즘, 즉 무속종교입니다. 그런데 우리 기독교 안에도 사실 샤머니즘과 꼭 같은 신앙을 가진 사람이 참 많습니다.

먼저 신앙촌 운동을 들 수 있습니다. 1960년대 박태선 장로가 경기도 덕소에 기독교 공동체인 신앙촌이라는 경제조직을 만들어서 성도들에게 그 공동체에 모든 재산을 바치게 하고 그들끼리 공동생활을 했습니다. 그 조직이 자꾸 커지고 참여하는 인원도 점점 많아졌는데, 그리로 간 사람들은 신앙촌 운동은 이단이 아니라고 말합니다. 윤치영 초대 내무부 장관이나 중앙대학교 임영신 전 총장 같은 분들도 다녔는데 왜 잘못이겠냐고 합니다. 제가 그분들을 인간적으로 폄하하는 건 절대 아닙니다만, 그분들도 성경을 제대로 읽으셨다면 그것이 최선의 신앙이 아니라는 걸 아셨을 거라고 답했습니다.

예전에 바로 우리 집 앞에 연세대학교 전기공학과 교수님이 한 분 사셨습니다. 그런데 신앙촌 측에서 그 교수님에게 전기 공장을 운영해달라고 했답니다. 봉급은 연세대학교에서 받는 것보다 3배 이상 드리겠다고 하면서요. 그래서 그분이 신앙촌으로 갔는데, 매일 그 교회에서 설교하는 내용이 다 바치라는 것이니 받은 봉급도 도로 다 바쳐야 했답니다. 나중에는 그 교수님의 가족도 다 그리로 갔습니다.

그 전에 저와 같은 동네에 살 때, 한번은 제 어머니가 마실 나갔다가 그 전기공학과 교수님의 어머니를 만나서 이야기를 나누게 되었습니다. 우리 어머니가 그분께 "우리 며느리가 감기 때문에 며칠 고생하느라 밖에 잘 나오질 못했다"고 이야기하자 그 교수님 어머니가 대답하길, "좀 일찍 이야기하시지. 박태선 장로님 세숫물을 가져다 마시면 당장 낫는데, 그걸 왜 말씀 안 하셨냐"고 하더랍니다. 그런 식으로 믿으면 그 믿음이 어떻게 됩니까? 샤머니즘이지요. 게다가 그들이 지닌 목적은 경제 공동체를 만들어서 돈을 벌어 소유하는 것입니다.

신앙촌 운동 다음에 좀 더 크게 일어난 것이 우리가 잘 아는 통일교입니다. 창원에 통일교에서 주관하는 방위산업 공장이 있었습니다. 그곳에서 제게 강의를 요청해서 한 번 간 적이 있습니다. 가보니 다른 기업체에 가면 그렇지 않은데 그곳에서는 유독 강의 듣는 사람들이 전반적으로 지쳐 있고, 옷차림도 다른 기업체 사람들보다 못해 보였습니다. 그래서 몇 사람을 통해 알아봤더니, 그 기업체에서는 일하는 사람들에게 월급은 적게 주고 봉사는 많이 하라고 한다더군요. 그래서 제대로 된 수입도 없이 고생하고 있었던 것입니다. 믿음을 경제적인 수단의 하나로 이용한 것입니다. 우리 개신교는, 교인들이 이렇게 샤머니즘으로 전락하는 사이비 신앙에 빠지지 않도록 노력해야 합니다.

놀라운 사례가 또 있습니다. 2015년쯤에 있었던 일입니다. 택시를 탔는데, 운전기사가 어떤 여자의 간증이 녹음된 이야기를 듣고 있었습니다. 뒤에 앉아서 가만히 들어보니 아주 이상한 이야기였습니다. 그 여자가 하는 말이, "내가 지옥에 가 봤더니 살인강도나 도둑처럼 생전에 죄 짓고 악했던 사람들이 다 있었다. 지옥 안내자를 따라 지옥에서 가장 무서운 곳, 제일 엄벌에 처해진 사람들이 있는 곳에 가보니 거기에는 교회 목사님을 욕한 죄인들이 다 들어가 있었다"는 내용이었습니다. 그래서 제가 운전기사에게 교회 다니냐고 물었습니다. 과연 교회 다니는 분이었습니다. 그래서 제가 "저도 뒤에서 저 녹음을 들었는데 어느 분의 간증입니까?"라고 물었더니, 자신이 다니는 교회 전도부인의 간증이라고 답했습니다.

그 간증을 듣고 가만 생각해보니 '과연 그런 교회가 있는 것이 좋은가, 없는 것이 좋은가' 하는 의문이 들었습니다. 만약에 목사님들이 교인들에게, "세상에는 교회를 모르고 사는 사람들이 얼마든지 있습니다. 우리는 그 사람들이 교회 안 나오니까 나쁘다고 보지만, 하나님은 그렇게 보시지 않습니다. 하나님은 인간인 우리를 다 똑같이 사랑하십니다. 그러므로 단순히 교회를 모른다고 해서 더 큰 죄가 되지는 않습니다. 그러나 거짓말을 하는 것은 큰 죄입니다. 그것은 하나님께서도, 교회에서도 반기지 않습니다. 또 열심히 헌금 안 하거나 교회를 덜 섬기는 건 좀 괜찮아도, 결코 다른 사람에게 피해나 고통을 주지는 말아야 합니다. 어딜 가든 그건 죄입니다. 그러니까 그러면 안 됩니다"라고 설교를 했더라면 우리 사회의 악이 조금은 정리되지 않았을까, 지금처럼 범죄가 만연하지 않고 좀 더 나은 사회가 되지 않았을까 하는 생각을 하게 됩니다.

교회의 사명은
사회에 희망을 주는 것

나라를 걱정할 줄 아는 사람이 기독교 지도자도 되고 사회 지도자가 되어야 합니다. 이런 점에서 기독교 공동체인 교회가 우리 사회에 무엇을 줄 수 있는가를 생각하면 걱정스럽습니다.

저는 일본에서 대학을 다녔습니다. 그때 일본 친구들과 많은 이야기를 나누었는데, 그들은 다 교회를 안 다니는 사람들이었습니다. 제가 그들에게, "너희가 교회를 다니지 않는 것은 나도 알지만, 그래도 일본의 대표적인 그리스도인이 있다면 누가 가장 먼저 떠오르느냐?"고 물었습니다. 그랬더니 한 사람도 예외 없이 우치무라 간조(內村鑑三)를 꼽았습니다. 그 사회에는 교회를 안 다니는 사람도 다 아는 그리스도인이 존재하는 것입니다. 그 뒤 1963년 무렵에 또 일본에 가게 되었습니다. 그때는 학생들이 아니라 주로 사회인들을 만났는데, 그 자리에서도 마찬가지로, "일본에 그리스도인 수가 많지는 않지만, 일본에서 존경받는 기독교계 지도자는 누가 있는가?" 하고 물었습니다. 다들 몇 달 전에 세상 떠난 도쿄대학교의 야나이하라 다다오(矢內原忠雄) 교수라고 대답했습니다.

제가 그때 한 가지 느낀 것이 있었습니다. 우리나라 기독교 지도자가 세상의 다른 사람들보다 더 나라를 걱정하는 때가 오면 전도는 자연스럽게 이루어지고 많은 사람들이 기독교를 따를 텐데, 기독교 지도자로서 너무 무책임하지 않았나 하는 반성이었습니다.

언젠가 연세대학교 교목실장을 만나서 입학생 가운데 몇 퍼센트가 그리스도인이냐고 질문한 적이 있습니다. 그분이 28%라고 대답하기에, 그럼 4년 후에 그리스도인이 돼서 졸업하는 학생들은 얼마나 되느냐고 물었더니 4%가 늘어서 32%가 그리스도인이 된다고 했습니다. 제가 그래도 그만하면 고 마운 일이라고 했더니, 교목실장은 "선생님, 4%가 그리스도인이 되긴 하는데 절반 이상이 다 천주교로 갑니다"라고 말했습니다. 그래서 제가 그럴 것 같았다고 했습니다. 그때는 김수환 추기경이 살아 계실 때였는데, 당시에 모든 대학생들이 김수환 추기경을 보면서 '저분 같은 분이 지도자라면 우리가 믿고 따르겠다'고 했을 것이라는 얘기입니다. 김수환 추기경은 우리가 잘 아는 대로 항상 나라를 걱정하는 분이었습니다.

하늘나라에 뜻을 두는 우리도 나라를 먼저 걱정하고 애국심을 가지는 책임감 있는 그리스도인이 되어야 합니다. 이것이 예수님의 뜻입니다. 그래서 제게 그리스도인은 어떤 사람이어야 하느냐고 묻는다면, 차원 높은 애국심을 지닌 사람이라고 말하겠습니다.

제가 실제로 본 사람 가운데 도산 안창호 선생님이나 인촌 김성수 선생님 같은 분들도 국가와 민족을 위해서 애쓰고 모든 걸 다 바친 분들입니다. 그러고도 할 일은 많이 남았다고 생각하셨습니다. 그래서 "하나님, 이제 제가 할 일은 끝났습니다. 제가 살아서는 더 이상 못하게 되었으니 이제 주님께서 우리 민족과 국가를 맡아서 하늘나라 건설하도록 이끌어주셔야겠습니다"라고 말한 다음에야 눈을 감으셨던 분들입니다. 나라를 사랑하는 사람은 그렇게 하게 돼 있습니다. 바로 그런 정신을 가지고 있으면 교회의 여러 가지 문제를 바꿔나갈 수 있습니다. 앞에서 교회가 사회를 위해 존재한다고 이야기했듯이, 이 사회에 교회가 없으면 안 됩니다. 그러면 대한민국에 희망이 없습니다. 교회는 사회에 희망을 줄 수 있어야 합니다. 앞으로 그것이 교회의 사명이 돼야 한다는 생각을 가졌으면 좋겠습니다. 모든 그리스도인이 교회의 사명에 대해 관심을 기울이고 뜻을 같이 하기를 바랍니다.

내가 선택한 삶이 아니라
하나님의 섭리대로 사는 삶

젊은 시절 목사가 되려는 생각을 품었던 적이 있습니다. 그런데 얼마 뒤에 주님께서 "너는 목회자를 할 자격이 없다. 욕심내지 마라. 평신도가 네 소임이니 그 직분을 맡겨준다" 하셨습니다. 저의 두 아들들도 목사가 됐으면 했는데 다들 그렇게 되지는 못했습니다. 사실 가장 힘든 직업이 정신적인 지도자 역할을 하는 목회자가 아닐까 합니다.

교회의 본분과 책임은 무엇인가

제가 처음에 신앙을 가지게 된 계기는 책을 통해서였습니다. 설교나 교회를 통해서가 아니라 독서를 통해서 신앙을 가졌기 때문에, 누가 저에게 "신앙이 무엇인가?"라고 묻는다면, "예수님의 교훈이 내 인생관이 되고, 내 가치관이 되고, 더 크게 말하면 내 세계관이 됐다. 내 인생관과 가치관이 변하지 않는 한 나는 신앙에서 벗어날 수 없다"고 대답할 것입니다. 왜냐하면 그것이 제 인생의 가장 소중한 목표이자 방법이니까 그렇습니다.

그래서 목사님처럼 어려운 책임을 맡고 있는 분들이, 현실적인 삶이 힘들어도 주님의 말씀이 자신의 인생관이자 가치관이라는 것만 명심하고 있으면 견딜 만합니다. 실수하는 것 같고 오해를 받는 것 같더라도 결국에는 양해도 얻고 협력자도 나타나 괜찮아집니다. 하지만 가장 어려운 상황에 처한 목사님들이 있는데, 바로 신앙을 잃어버린 목사님들입니다. 생각해보십시오, 얼마나 힘들겠습니까? 이제 와서 자신이 신앙을 잃어버렸다고 차마 말할 수도 없지 않습니까? 그래도 '살아 있는 동안은 예수님의 말씀이 내 인생관이고 가치관이기 때문에 신앙을 떠날 수 없다'는 의지를 붙들고 꾸준히 살다보면, 오해도 풀리고 스스로도 제자리를 찾게 됩니다.

신앙에서 가장 중요한 것은 항상 새로워지는 것입니다. 작년보다 올해가 더 새로워지고 그 다음해에는 더 새로워지는 것입니다. 오늘의 내 모습과 내일의 내 모습이 달라지는 것입니다. 한 번에 새롭게 변해서 완전해질 수는 없습니다.

얼마 전에 전주에서 강연회를 끝낸 뒤 기차를 타고 돌아오는 길에, 서울대학교에서 은퇴한 교수와 나란히 앉게 되었습니다. 그분이 저에게 이렇게 말했습니다. "선생님, 저도 장로입니다. 그런데 교수 사회에는 제가 장로라는 얘기를 안 하니까 다들 모릅니다." 제가 그 마음 알 것 같았습니다.

신앙에 대해 기독교 바깥에 있는 사람들이 이해하지 못하는 것이 두 가지 있는데, 그 중 하나는 은총의 선택이라는 것입니다. 우리 그리스도인들은 은총의 선택을 받게 됩니다. 삶은 선택받는 대로 사는 것이지 내 마음대로는 살지 못한다는 의미입니다. 그것을 다르게 말하면 '모든 것은 하나님의 섭리'라고 할 수 있습니다.

동국대학교의 이기영 교수는 천주교에 있다가 불교로 간 분입니다. 그분과 이야기를 나누던 중에 그분이 저에게 이런 말을 했습니다. "김 교수님이 쓴 책도 읽어보고 관심을 가지고 있습니다. 몇십 년이 흐른 뒤에, '한국 기독교계에는 한경직 목사님, 김수환 추기경, 평신도 가운데는 누구누구가 있다'라며 사람들이 손꼽을 때 '그 중 하나는 김형석 교수님이다' 하고 꼽히는 분이 되십시오." 이 교수님은 스님은 아니지만 불교계에서 그렇게 일컬어지는 분입니다. 그때 그 얘기를 듣고서 그것은 하나님의 섭리에 따르는 것이지 제 능력으로 할 수 있는 것은 아니라고 생각했습니다. 하나님께서 저에게 "목사로서의 인생을 살라" 하시면 그렇게 하는 것이고, "너는 목사가 될 자격도 없고 그 직분은 감당 못할 사람이니 평신도로 섬겨라" 하면 그대로 따라야 하는 것이지요.

그리스도인의 향기를
드러내는 삶

앞에서 교회에 대한 두 가지 우려에 대해 이야기했습니다. 첫째는 교회가 기복신앙으로 흐르면 안 된다는 것입니다. 이제는 샤머니즘, 즉 기복신앙적인 요소를 없애야 합니다. 둘째는 사회에서 무슨 일을 어떻게 하든지 교회는 예수 그리스도에 초점을 맞추고 우리 조국인 한국 사회를 위해 책임을 다하는 존재가 되어야 한다는 것입니다. 지금까지 말한 교회와 사회의 관계를 예를 들어 이야기하면 이렇습니다.

서울의 한강을 중심으로 교회는 강북에 있고, 현실을 사는 사람들은 강남에 있다고 가정합시다. 강북에 있는 교회에서 강남에 사는 사람들에게 "이리로 오라. 여기 주님의 말씀이 있고 주님의 뜻이 있고 사회 공의가 있고 은총이 있다"라고 말합니다. 그러면 사람들은 "갈 힘도 없고 강을 건널 다리도 없고 지금으로서는 갈 방법을 모르겠습니다"라고 합니다. 그렇다면 이 문제에 대해 우리 교회가 할 일은 무엇입니까? 나룻배를 구하든지, 다리를 놓든지 해서 강을 건널 방법을 마련해주고 우리 그리스도인이 먼저 가서 교회로 와야 한다는 것을 보여주는 것입니다.

제가 중앙학교(지금의 서울중앙고등학교)의 교감으로 있을 때 일입니다. 하루는 교장 선생님이 저를 부르더니 아무개 선생이 실력도 없고, 학부모도 반대가 심하니 이번 학기에 내보내자고 말했습니다. 그래서 제가, "갑자기 내보내면 그 선생님도 어렵지 않겠습니까? 또 그 선생님은 교장 선생님이 오라고 해서 오신 분이니 우리가 책임져야 할 부분도 있는 셈인데 갑자기 나가라고 하면 안 되지 않겠습니까?"라고 말하면서 "저한테 한 학기만 시간을 주십시오. 제가 그 동안 그 선생님하고 같이 노력해보고 정 안 되면 그때 가서 다시 논의해보겠습니다"라고 제안했습니다. 그래서 그 선생님을 찾아가서 교장 선생님이 걱정하시는 바를 전하며 이렇게 말했습니다.

"교장 선생님은 학교를 위해서 판단하는 것이고, 저 또한 학교를 위해서 한 학기 동안에 판단해봐야겠지요. 그러나 선생님에게도 교사의 책임이 있으니, 학교를 위해서 한 학기 동안 우리 함께 노력해봅시다. 최선을 다해주십시오. 그러고 나서 한 학기 뒤에 결정합시다." 아마 그 선생님이 적잖이 충격을 받았을 것입니다. 어쨌든 한 학기가 지났는데 그 선생님은 묵묵부답이었습니다.

제가 그 선생님에게 다시, "힘들긴 하겠지만 교장 선생님 뜻을 우리가 다시 한 번 의논해봅시다" 했더니, 그분이 제게 일주일 정도만 여유를 달라고 했습니다. 그래서 그러자고 했습니다. 일주일 뒤에 그 선생님이 부인과 함께 저를 찾아와서는, "제가 원래 지방 학교에 있다가 서울의 더 좋은 학교에서 교편을 잡고 싶다는 마음에 왔던 것인데, 말씀을 듣고 생각해 보니 제 실력도 사실 부족한 듯하고 교장 선생님 판단도 옳다고 생각되니 제가 떠나겠습니다. 다만 이제 갈 곳이 없어지게 되니 교장 선생님하고 의논해서 제가 갈 만한 지방 학교에 저를 좀 소개해주십시오" 하고 부탁했습니다. 저는 그러마 했습니다. 결국 교장 선생님과 의논해서 그분은 지방 학교로 가고 저는 얼마 뒤 연세대학교로 왔습니다.

제 생각에 저는 응당 해야 할 일을 한 것뿐인데 그 선생님이 그다음부터 저를 은인으로 생각했습니다. 딸 결혼식 주례도 저에게 해달라고 하고, 아들이 연세대학교 세브란스 인턴으로 와 있을 때는 아들더러 "시간 되는 대로 김 교수님 모시고 저녁 대접이라도 하라"고 하고요. 그러면서 간접적으로 들려오는 얘기가, "김 선생님 보니까 우리도 언제 한번 교회 나가야겠는데" 했다는 것입니다. 그분이 그렇게 달라졌습니다. 제가 무슨 특별한 일을 한 것도 아닌데 말입니다.

저도 교회생활 하다가 느낀 점입니다만, 신앙인은 원칙적으로 다 올바르고 합리적으로 살아야 하지만 사실 그런 삶을 실천하기는 힘듭니다. 그렇더라도 신앙인들에게는 마음일망

정 따뜻한 정이 없을 수가 없습니다. 그 일을 지금 와서 생각해보면, 제가 신앙인이기 때문에 제 마음속에 사랑의 질서는 있었던 것이 아니었나 싶습니다.

기업을 경영하는 분들은 신앙인의 자세에 대해 더 많은 고민을 하게 될 것입니다. 기업은 이윤을 내야 하니까요. 여기서 떠오르는 기업인이 있습니다. 저는 한국유리공업 창설자인 최태섭 장로를 마음으로 고맙게 생각합니다. 그분은 해방 당시에 만주에서 사업을 벌이고 공장을 운영하고 있었습니다. 그런데 그 지방에 공산당원들이 들어와서 인민재판을 했습니다. 기업체 사장들을 비롯해 부자들을 전부 운동장에 모아놓고는 그 밑에 있던 사람들이 쭉 둘러서서 인민재판을 벌였습니다. 공산당인 재판 책임자가 이 사람은 어떤 사람이냐고 물으면, 거기 있는 군중들이 죽여야 한다고 하면 그냥 처형하는 식이었습니다.

최태섭 장로가 한국 사람으로서 공장을 운영하다가 그런 인민재판을 받은 것입니다. 그때 본인은 '난 이제 죽었구나. 내 인생이 끝나는구나' 했겠죠. 그런데 최태섭 장로 차례가 와서 책임자가 이 사람은 어떤 사람이냐고 물으니 갑자기 군중들이 다 조용한 가운데, 한 중국 사람이 "이분은 우리집 경제 형편이 정말 어려워서 아들을 학교에도 못 보내고 병원에서 고생할 때 도와준 분입니다. 그러니 그분은 살렸으면 좋겠습니다" 했답니다. 한 사람이 그렇게 말하니까 그 옆에 있던 사람들이 다들 그렇다고, 그분 참 좋은 분이라고 거들었답니다. 그렇게 해서 자신이 살아남았다고 말하는 것을 들었습니다.

최태섭 장로는 해방 후에도 남한에 와서 사업을 계속했습니다. 그분은 사업의 목적을 성공에 두지 않았습니다. 사업의 성공과 실패는 부수적인 문제라고 생각했습니다. 능력이 미치는 데까지 사원들을 도와주고 그들이 행복하고 인간답게 살도록 해주는 것이 사업의 첫 번째 목적이었습니다. 그런데 그 목표를 이루려면 이윤을 먼저 내야 하니까 기업간 경쟁 때문에 그것을 이루기가 어렵다고 말한 적도 있습니다.

어떤 일을 성공이나 실패를 기준으로 따지는 건 인간의 생각입니다. 무슨 일을 하든 주님의 뜻이 남았으면 좋겠습니다. 그래서 사회보다 우리 교회가 더 어려운 사람들을 돕고 거두는 데 책임감을 가졌으면 좋겠습니다. 그리스도인으로서 그리스도의 향기를 풍기는 삶을 살면 이 사회도 희망이 있습니다.

교회의 본분과 책임은 무엇인가

3강 ::

그리스도인의
책임과 의무는 무엇인가

신앙은

예수가 나의 참 구주이심을 믿는 것

세계적인 철학자이자 기독교 사상가인 덴마크의 키에르케고르(S. Kierkegaard)가 한 이야기 중에 이런 비유가 있습니다. 아들을 먼저 떠나 보낸 여든 넘은 할아버지가 어린 손주를 키우며 살았습니다. 하루는 이 할아버지가 '나는 나이가 많아서 언제 세상을 떠날지 모르니까, 내 손주한테 이 세상에서 가장 중요한 이야기를 유언으로 하나 남겨야겠다'라고 생각했습니다. 그래서 손주에게 "내가 너와 언제 작별하게 될지 모르니까 아주 소중한 걸 남겨주고 싶다. 옷을 단정히 입고 같이 어디를 좀 가자"고 이야기했습니다. 어린 손주가 할아버지를 따라간 곳은 바로 아버지 산소였습니다. 할아버지는 손주에게 이렇게 말했습니다. "여기에는 내 아들이자 네 아버지인 사람이 잠들어 있단다. 네 아버지는 예수가 예수인 것까지는 알고 믿었지만, 예수가 그리스도라는 것은 깨닫지 못하고 눈을 감았다. 그러니 너는 꼭 예수가 그리스도라는 것까지 믿어야 한다. 이것이 네게 마지막으로 꼭 들려주고픈 말이란다."

키에르케고르는 이 이야기를 통해 무엇을 전하고자 했던 것일까요? 인간 중의 인간인 예수님이 하나님의 보내심을 받은 우리의 진정한 구세주 그리스도라는 것, 그리고 그 진리를 믿는 것이 기독교의 핵심임을 강조하기 위해서였습니다. 그것이 바로 신앙입니다.

현대인들은 대부분 예수가 예수라는 것까지는 믿습니다. 공자는 공자고 석가는 석가이듯 예수는 예수라고 말입니다. 다만 그것까지는 믿되, '그 예수가 과연 하나님의 보내심을 받은 우리의 구세주 그리스도인가?' 하는 단계에 이르면 못 믿는 사람들이 많습니다.

프랑스의 사상가 에른스트 르낭(Ernest Renan)이 《예수의 생애》라는 아주 유명한 예수 전기를 썼습니다. 그는 그 책에서 "예수가 얼마나 훌륭했으면, 인간 중에서도 얼마나 인간다웠으면 제자들이 예수를 하나님의 아들이라고까지 생각했겠는가?"라고 말했습니다. 즉 르낭의 입장에서 예수는 단지 예수일 뿐이라는 것입니다.

예수님은 인간 중의 인간이십니다. 사복음서를 읽어보면 예수님의 '인간성'을 그대로 볼 수 있습니다. 그렇지만 예수님은 그리스도이십니다.

독일의 유명한 문학가 괴테의 글 중에 이런 내용이 있습니다. "예수는 그 옛날, 이스라엘이라는 작은 나라에서 많지도 않은 열두 제자를 데리고 단 3년 동안 성인으로 살다가 그 생을 끝냈다. 그런 예수가 세계사를 바꿔놓고 인류의 역사를 이끌어갈 것이라고 누가 생각이나 했겠는가." 이와 같이 괴테가 그분의 존재를 고백하는 것은 예수가 그리스도라는 사실에 대한 암시입니다. 사도 바울도 신앙은 예수가 그리스도임을 믿는 거라고 말하지 않았습니까?

그리스도인들은 대개 '예수가 그리스도임을 믿기 때문에 나는 신앙을 가지고 있다, 신앙생활을 하고 있다'라고 스스로 안일하게 생각합니다. 그런데 사실 인간으로서의 결격 사유가 많은 사람들은 예수를 그리스도로 받아들일 자격을 잃었다고 할 수 있습니다. 인간다움을 상실한 사람이 신앙을 얘기한다는 것은 불가능한 일입니다. 그것이 우리의 신앙을 잘못된 방향으로 이끌어가기 때문입니다.

성실하고 경건한
삶의 모범들

아주 오래전에 부산에 갔다가 영도 바닷가에서 차를 마시면서 바다를 바라보고 있는 중에 내 뒤에 앉은 두 젊은이가 토론하는 것을 우연히 듣게 되었습니다. 그들의 이야기로 미루어보아 대학교 동창 사이인 듯했는데, 둘 중 한 사람이 자기 친구더러, "교회 한 달 동안 다녀보니까 어떠냐? 교회 가고 싶은 생각도 들고 신앙생활을 할 만한 마음의 변화가 있느냐?"고 물었습니다. 그런데 친구는 실망했다고 대답했습니다. 그 사람의 부모님은 원래 불교신자로, 복 받겠다고 절에 가서 물건 바치고 돈 바치며 믿는 분들이었습니다. 그런 모습을 보며 불교는 인간답지 못한 종교다 싶어서 불교를 떠났답니다. 그런데 한 달 동안 교회 나가보니까 교회도 마찬가지더라는 것입니다. 교인들이 예수 믿고 천국 가려고 교회에 다닌다는데 그렇게 노력도 안 하고 가는 공짜 천국도 있냐며 실망했다고 말했습니다. 그 말에 먼저 말했던 친구가 "그래도 궁극적인 목표는 영원한 생명을 받는 데 있다"라고 했습니다. 그러니까 상대방은 "나는 그렇게 생각하지 않는다. 한 인간으로 태어나서 가장 인간답게 살다가 인간으로서 할 일이 끝나면, 신이 존재할 경우에 그 뒤는 신에게 맡길 뿐이지 내가 어떻게 할 수 없는 영역이다. 다만 땅 위에 사는 동안은 누구보다도 인간답게 살고 싶다"고 대답했습니다. 그런데 교회에 가봤더니 공짜로 천국 가겠다는 사람만 있지 성경에서 말하는 인간답게 살겠다는 사람들이 없더라는 것입니다.

그 두 사람의 대화를 들으면서, 저 젊은이들의 고민이 우리 모든 사람의 고민이라는 생각이 들었습니다. 예수님도 제자들에게 "세상일에 있어서는 세상 사람들이 너희들보다 지혜롭다"고 말씀하셨습니다. 사회생활을 하다 보면 교회 바깥의 사람들 중에 교인들보다 더 성실하고 지혜롭게 최선의 인생을 사는 사람들을 많이 만나게 됩니다. 그분들을 보다가 교회 안에 들어오면, 오히려 우리 그리스도인들은 인생을 너무 무책임하게 사는 것은 아닌가 돌아볼 때가 있습니다.

그리스도인의 책임과 의무는 무엇인가

문득 제가 존경하는 두 분의 삶이 생각납니다. 도산 안창호 선생이 감옥에 계시다가 가출옥으로 나오셨을 때 그분의 강연과 설교를 들을 기회가 있었습니다. 제가 그분에 대해 평생 잊지 못할 점은, 인간적으로 정말 그렇게 성실할 수가 없었다는 것입니다. 그분의 성실함을 잘 보여주는 일화를 소개하려합니다.

미국 LA 부근에 리버사이드시티라는 작은 도시가 있습니다. 그 도시에 있는 공원 안에는 세 개의 동상이 서 있습니다. 맨 앞에는 흑인 인권운동가 마틴 루터 킹 목사의 동상, 그 뒤에는 도산 안창호 선생의 동상, 맨 끝에는 간디 선생의 동상입니다. 그 공원에 도산 선생의 동상이 세워진 사연이 있습니다. 도산이 나라를 잃어버리고 실의에 빠졌다가, '우리 민족과 국가를 위해서 내 모든 걸 바쳐야겠다. 그러려면 내가 능력을 키워야 하니 선진국에 가서 좀 보고 배워야겠다' 하는 마음으로 미국의 그 지역에 가게 되었습니다.

하지만 도착하고 보니 발붙일 곳이 없었습니다. 당시 그곳 일대가 오렌지 농장이었는데 농장주를 찾아가서 그곳에서 일하게 해달라고 부탁했습니다. 그렇게 오렌지 농장 일을 시작하게 되었고 농장주는 도산 선생처럼 정직하고 성실한 사람은 처음 봤다면서 감탄했다고 합니다. 도산은 나중에 그곳을 떠났지만, 그로부터 몇십 년이 지난 뒤 농장주와 도시 유력자들이 그때 그 젊은이가 한국의 정신적 지도자가 됐다는 사실을 알게 되었습니다. 그들이 한인협회에 연락해서, 도산이 옛날 이곳에 와서 일한 인연이 있으니 기념 동상을 세우자고 제안해 그곳에 동상이 세워졌던 것입니다.

도산 선생의 이러한 모습을 떠올릴 때마다 저토록 나라를 위해서 눈물과 정성을 바치니 하나님께서 그분을 버리시지 않는구나, 감동하게 됩니다.

또 다른 분은 인촌 김성수 선생입니다. 제가 중앙학교의 교사가 되고 나서 27세 때 김성수 선생을 모신 적이 있습니다. 인간적으로 훌륭한 그분께 제가 배운 것이 있습니다. 그분은 절대로 아첨하는 사람, 동료를 비방하는 사람, 편 가르기 하는 사람을 곁에 두지 않았습니다. 그런 인품 덕에 그 많은 사람들을 이끌고 일할 수 있었던 것입니다. 그리고 무슨 일을 해야 할 때는 반드시 자신보다 더 유능한 사람을 찾아서 일을 맡겼습니다. 동아일보사도 그분이 거의 다 만들어놓고 친구

송진우 선생에게 "나보다 당신이 유능하니까 좀 맡아달라"고 하셨습니다. 또 중앙학교도 당신 재산으로 건축 준비까지 다 하고서는 현상윤, 최두선 선생에게 좋은 학교로 만들어달라고 맡겼습니다. 그분이 마지막으로 정성을 쏟은 데가 보성전문학교, 지금의 고려대학교입니다. 대학을 다 일궈놓고도 당신이 총장을 맡지 않고 현상윤 총장에게 전권을 위임했습니다. 이런 식으로 언제나 당신보다 유능한 사람을 뽑아서 일하는 분이었습니다.

저는 그 전까지 철모르고 살다가 그분 밑에서 몇해 지내면서 정말 많이 배웠습니다. 그래서 후에 중앙학교에서 연세대학교로 온 뒤로는, '나도 절대로 아첨하는 사람이 되지 말자. 또 인격이 모자라는 사람처럼 동료를 비방하는 일도 하지 말자. 절대로 편 가르기도 하지 말자. 그리고 언제든지 나보다 유능한 사람이 있으면 경쟁하려 하지 말고 지원해줘야겠다'고 생각했습니다.

인촌 선생이 말년에 병으로 누워 계시게 되었습니다. 당시 중앙학교 교장이 정월 초하룻날에 교주(校主) 선생님한테 세배 드리러 가자고 해서 인촌 선생께 세배하러 갔습니다. 그때는 그분이 천주교를 믿으셨는데, 어린애 같은 아주 순수한 신앙을 가지고 계셨습니다. 인촌 선생은 저도 그리스도인인 것을 아시니까, 새해인사를 나눈 뒤 함께 기도를 드리자고 제안하셨습니다. "하나님이 이 민족과 국가를 버리시면 우리는 갈 데가 없으니 하나님께서 인간의 모든 잘못을 용서하시고 우리에게 희망을 주십시오." 인촌 선생은 그때 참 많은 눈물을 흘리며 민족과 국가를 위해 기도를 드리셨습니다. 그러고는 얼마 지나지 않아 세상을 떠나셨습니다.

제 친구인 안병욱 선생은 인생에서 최고의 가치는 성실한 것에 있다고 했습니다. 안 선생이 말하길, 성실한 사람은 마귀도 유혹하지 못한다고 했습니다. 성실이 깨져서 유혹할 틈이 생겨나는 것이라는 얘기입니다. 또 성실한 사람은 마귀가 유혹하지 못할 뿐만 아니라, 하나님도 버리시지 못합니다. 하나님이 성실한 사람을 버리신다면 남을 사람이 어디 있습니까? 그러니 안 선생 생각에 성실이 최고라는 것입니다.

저도 그 생각에 전적으로 동의합니다. 다만 저는 인간적인 성실함에 하나를 더해 경건한 마음까지 갖추게 되면 하나님 앞에 나아가는 삶을 살 수 있다고 말하고 싶습니다. 그런 마음은 신앙으로 가게 돼 있습니다. 그래서 저는 이것을 다음과 같이 비유합니다. "조용한 호수가 있는데 거기에 바람이 불고 파도가 치면 아무것도 안 보인다. 그런데 다시 호수가 조용해지면 하늘의 달과 별 그림자가 다 내려온다. 즉 내가 잘났다고 떠드는 동안은 신앙이 보이지 않는다. 그러나 내가 경건하고 조용할 때는 하나님을 받아들이게 되어 있다."

기독교의 권위는
사랑에서 나온다

교회가 자꾸 커지면 교권도 커집니다. 천주교의 교권은 세계적인 수준이지 않습니까? 그렇지만 세상 사람들은 교권보다 인권을 더 중요하게 봅니다. 하나님이 보시기에 교권이 중요할까요, 인권이 중요할까요? 저는 인권이 중요하다고 생각합니다. 이 점을 오해하지 말기 바랍니다.

또 종교가 성립되기 위해서는 권위가 있어야 합니다. 권위가 무너지면 종교 전체가 다 무너집니다. 대통령도 권위가 있어야 하지 않습니까? 나이가 40대밖에 되지 않은 미국의 케네디 대통령에게 70대 노인들이 전부 환호하며 존경을 보내는 것, 그것이 바로 권위에서 나오는 것입니다. 우리 그리스도인들의 경우, 그런 권위는 세상적인 직책이 아니라 사랑에서 기인합니다. 그리스도인의 권위란 그런 것이고 또 그래야 합니다.

이 권위에 대해 쉽게 이해할 만한 일화를 하나 소개하겠습니다. 제 지인 중에 숙명여대 교수를 거쳐 차관을 지냈던 친구가 있습니다. 교회도 열심히 나가는 신앙이 돈독한 사람인데, 그 친구가 우스갯소리로 이런 말을 했습니다. "난 세상에서 아무도 무섭지 않은데 다만 우리 어머니한테는 꼼짝 못해. 어머니는 마땅치 않은 것이 있으면 가만 계시다가 '야, 이 녀석아. 내가 너를 낳았다. 할 말이 있느냐?' 하고 말씀하시거든." 그 친구 어머니의 권위가 바로 사랑의 권위입니다. '내가 너를 낳아서 길렀다' 하는 사랑의 권위.

이처럼 예수님도 우리를 사랑하셨습니다. 바로 그 사랑이 기독교의 권위가 됩니다. 그런데 신도들을 사랑하지 않는 목사님에게는 권위가 없습니다. 또 아무리 훌륭한 설교를 하는 목사님이라고 해도 사랑하는 마음이 없으면 권위가 없습니다. 종교에 있어서는 사랑이 있어야 권위가 생깁니다. 우리가 인생을 살아가면서 섬겨야 할 권위가 바로 그것입니다.

하나님께서 우리를 사랑하셨기 때문에, 예수님께서 우리를 사랑해주셨기 때문에, 그 사랑에 대하여 우리 마음이 주님의 권위를 받아들이게 됩니다. 그 사랑은 우리가 감히 어떻게 할 수가 없거든요. 주께서 우리의 십자가를 지셨다는 것, 그것이 바로 예수님의 권위입니다. 그래서 우리가 인간다운 인간으로서 그리스도를 받아들이게 되고, 그리스도를 받아들이게 되면 마음의 변화가 찾아오는 것입니다.

그럼 그리스도인이 된 다음에 오는 마음은 무엇일까요? 그것은 아무도 거부할 수 없는 것, 바로 사명감입니다. 주님께서 우리를 사랑하신 것은 당신이 사랑받기 위해서가 아닙니다. 모든 사람에게 구원의 소식, 즉 복음을 전해야 한다는 사명을 위해서입니다. 그래서 예수님은 죽음을 목전에 두고 점점 더 제자들을 사랑하시게 된 것입니다. 신앙인이라면 자신을 부정하고 주어진 사명에 최선을 다하는 것이 자연스러운 일입니다. 그것을 은총의 선택이라고 하지요. 우리가 사랑받으면 은총의 선택을 깨닫게 됩니다.

제가 연세대학교로 부임한 초기에 감리교 목사님은 '자유'

에 대해, 장로교 목사님은 '예정'에 대해 말씀하니까 학생들이 아주 젊은 교수인 나한테 와서 "선생님은 자유입니까, 예정입니까?" 하고 물었습니다. 그래서 제가 "나는 자유나 예정 같은 것은 모르고 내 신앙에도 그런 것은 없었다. 다만 내게 있는 건 은총의 선택이다. 지금 생각해보니 그 은총의 선택 속에는 자유도 있고 예정도 있었다. 자유나 예정이라는 것을 의식하고 체험하지 못했을 뿐 그것들이 나에게는 은총의 선택이었다"라고 말했습니다. 바로 그것이 사명입니다.

그리스도를 받아들이는 것은
새로운 사명을 맡는 것

사명은 이상하게도 본인 스스로가 느낍니다. 제가 신앙에 대한 책을 몇 권 썼지만, 그 책을 읽고 저에게 편지를 보내는 사람들은 하나같이, 책에 제가 전혀 언급하지 않았는데도 '예수를 그리스도로 발견하게 되면서 사명을 가지게 됐다'는 내용들을 적습니다. 이에 대한 실화가 하나 있습니다.

제 외손주가 고등학교 3학년에 올라갔을 때 손주네 반 담임선생이 반 아이들에게 이야기를 했답니다. "내가 1년 동안 너희들의 담임이 돼서 이제부터 너희와 함께 살게 될 것이다. 그런데 나는 이전의 나와도 다르고, 또 다른 선생님들과도 구별될 것이다. 나는 너희들을 정말 사랑하기 때문이다. 너희들을 내 힘이 미치는 데까지 사랑할 것이다."

그 선생의 변화에는 계기가 있었습니다. 그는 대학을 마치고 무신론자가 되었다가, 심지어 허무주의에 빠져 자살을 두 번이나 시도했지만 죽지는 못했습니다. 그래서 '죽는 것이 내 뜻대로 되는 것이 아니구나. 삶에 대해 희망은 없어도 살기는 해야겠다'고 생각했답니다. 그러다 그에게 사랑하는 여자가 생겼습니다. 그런데 그녀는 교회를 다니는 착실한 그리스도인이었습니다. 그 선생은 그녀와 결혼하고 싶었지만, 무신론자인 자신과 서로 인생관이 다르기 때문에 결혼은 안 되겠다고 생각했다고 합니다. 그래서 그녀에게 "우리가 비록 사랑은 하지만 결혼은 하지 말자"고 했더니, 여자가 "내 신앙을 버릴 순 없으나 당신의 부모님을 위해서 내가 교회를 나가지는 않을 테니까 결혼합시다"라고 했답니다. 그렇게 두 사람은 결혼을 했습니다.

그런데 결혼하고 2, 3년이 지난 뒤 아내가 병을 얻어서 앓

아누웠습니다. 병이 계속 악화되자 그는 거의 절망에 빠졌습니다. 충분히 그럴만하지 않겠습니까? 과거에 자살까지 시도했던 사람이 이제 사랑하는 사람과 새롭게 인생을 출발해보려 했는데, 다시 찾은 희망이었던 아내가 병에 걸렸으니 말입니다. 그때 받은 충격과 고통은 이루 말할 수가 없었다고 합니다. 집에 가는 것도, 병중의 아내를 보는 것도, 그리고 자신을 사랑하면서도 끝까지 사랑하지 못할 것을 아는 아내의 절망스러운 눈빛도 모두 고통스러웠다고 합니다.

그렇게 고통스럽게 지내던 어느 날, 아내를 보면 너무 마음이 아프니까 집에 가는 것도 내키지 않고 비까지 쏟아지니 무작정 우산을 받치고 돌아다니다가 책방을 발견해서 들어갔습니다. 서가의 책들을 훑어보다가 김형석 교수라는 사람이 쓴 《예수》라는 책이 있기에 그걸 사 가지고 집에 왔습니다. 그러고는 그동안 자기 때문에 교회도 못 나갔으니 읽어보라고 병상의 아내에게 주었습니다. 아내는 병으로 힘든 와중에도 그 책을 다 읽었습니다. 아내는 그에게 "당신도 읽어보라"며 건네주었고 그 선생도 그 책을 읽게 되었습니다. 그러고 나서 아내가, 자신이 지금까지 교회에 가야겠다고 생각하면서도

그리스도인의 책임과 의무는 무엇인가

못 가고 있었는데 이제는 교회에 나가는 것을 허락해달라고 부탁했습니다. 그가 어떻게 대답했을까요? 그는 그렇게 하라고 했을 뿐만 아니라 자신도 같이 가겠다고 했답니다.

그가 그 책을 읽고 나서 깨달은 것이 있었습니다. '아, 내가 지금까지 헛살았다. 나는 단지 월급받는 교사였을 뿐 스승은 되지 못했구나.' 이제는 자신이 정말 제자들을 사랑해줘야겠다는 마음이 생기더랍니다. 그래서 그다음부터 생각을 고쳐 제자들에게 "나는 너희를 사랑한다"고 말하기 시작했던 것입니다. 어려운 문제가 있거나 고통스러운 일이 있으면 자기한테 오라고 하고, 만약 해결해주지 못할 일이더라도 자신이 제자들을 품어서 사랑할 거라고 했답니다.

요컨대 그리스도를 만난다는 것은 그리스도인으로서 큰 책임을 맡는 것입니다. 즉 그리스도를 받아들임으로써 새로운 사명을 느끼는 것입니다. 그것이 교인의 인생입니다. 그렇게 사명을 받아들이게 되면 모든 것이 달라집니다.

저도 연세대학교 갈 때 이런 고민을 했습니다. 중고등학교 교사로 남아서 교육에 헌신할 것인가? 아니면 그동안 손 떼고 있던 학문을 다시 시작해서 교수가 될 것인가? 그런 고민을 하다가 결국에는 교수가 되어서 갔습니다. 교수로 갈 때 제가 이렇게 기도했습니다. "주님, 저를 주님께서 아끼시는 연세의 포도밭으로 보내주시니 제가 머슴으로 들어가서 거기서 끝날 때까지 주어진 일 열심히 하겠습니다." 그러니까 나는 연세대학교로 갈 때, '훌륭하게 되겠다' 하는 마음은 없었고, 그저 머슴으로 가는 거라고 생각했습니다. 가서 최선을 다했습니다. 그다음은 주님께서 하실 문제지 제가 어떻게 할 수 있는 것은 아니라고 생각했던 것입니다.

인간의 고생을
사랑으로 대신 짊어지신 예수

3, 4년 전에 제가 어느 대학에서 상을 하나 받았는데, 사실 저는 특별한 업적도 없고 훌륭한 직책도 안 맡은 데다 저보다 훌륭한 사람도 많이 계시니 제가 그 상을 받을 자격이 없다고 생각했습니다. 그래도 고맙다는 인사말과 소감은 나눠야 하겠기에, "비록 제가 상 받을 만한 자격은 없어도 수상자로 결정되었다니 감사히 받겠습니다. 가만 생각해보니 그래도 제가 상 받을 만한 점이 하나는 있습니다. 오래 사느라고 고생

그리스도인의 책임과 의무는 무엇인가

많이 한 것입니다"라고 운을 뗐습니다. 그러면서 "저는 개인적으로도 고생을 많이 했지만, 오래 살다보니 어려운 세월을 사느라 시대적으로도 고생을 많이 했습니다. 그리고 지금 와서 생각해보니 인생은 고해와 같다는 불교의 가르침이 옳지 않다는 것을 알았습니다. 고해와 같은 인생이 되는 것은 사랑 없는 고생을 했기 때문입니다. 저는 전쟁 때 많은 애들을 데리고 가난하게 살며 고생했지만, 사랑이 있었기 때문에 지금까지도 행복한 가정생활을 누리고 있습니다. 또 제 힘이 미치는 데까지 제자들을 사랑하려고 애썼습니다. 대학의 제자들보다 어린 고등학생들에게 더 많이 정이 들었는데, 그 학생들을 한국전쟁으로 뿔뿔이 보내면서 마음이 몹시 아팠습니다. 그 제자들을 그렇게 사랑하며 오랜 세월 산 덕분에 그 사랑을 돌려받고 보니, '내가 내 제자들을 사랑한 것보다도 제자들이 나를 더 많이 사랑했구나' 하고 깨닫게 되었고, 그 느낌이 그렇게 기쁠 수 없습니다"라고 말했습니다.

그런 제자 중에 청주에 사는 오세탁이라는 사람이 있습니다. 제가 고등학교 선생으로 있을 때, 그러니까 70여 년 전 그가 열일곱 살, 제가 스물일곱 살일 때 만나서 서로 사제관계가 됐습니다. 그 70년 동안 그는 저를 잊지 않고 스승의 날은 물론이고 새해 첫날이 되면 아침 9시 반쯤 꼭 제게 전화를 합니다. 이제는 이 친구가 나보다 귀가 더 어두워졌습니다. 요새 그가 제게 전화를 걸면 잘 안 들리니까 저더러 "선생님이세요?" 묻고선 제가 "그렇다" 하면, 저 할 얘기만 쭉 하고 마지막에 "제가 서울 가서 한번 뵙겠습니다" 하고 통화가 끝나버립니다. 이제는 그 친구의 건강이 자꾸 불안하고 걱정스럽습니다. 그래서 한두 달 전에 한번 만나러 갔습니다. 87세 된 제자가 그 나이가 되어도 나를 보면 "아, 우리 선생님 오셨구나" 하고 반가워합니다. 저는 그 눈빛을 잊을 수가 없습니다.

그래서 제가 시상식장에 있는 교수님들, 의과대학 선생님들에게 "환자를 정말 사랑하십시오"라고 말씀드렸습니다. 예수님은 병자들을 정말 사랑하셨거든요. 그 사랑으로 병을 고치신 것이고요. 저도 다시 교단에 서게 되면 내 제자들을 위해서 기도하고 사랑해주고 싶다고 했습니다.

제 벗 안병욱 선생과 저는 평생 비슷하게 살아왔는데 그분이 먼저 세상 떠나지 않았습니까? 양구에서 그분 장례식을 하게 되었습니다. 장례식 막바지에 제가 마지막으로 이야기를 하다가, 오신 분들에게 양해를 구하고 오늘 안 선생과 관련해서 꼭 드리고 싶은 말씀이 한 가지 있다고 했습니다.

제가 충청북도 영동에 강연을 갔었습니다. 강연을 끝내고 방에 앉아서 쉬고 있는데, 누가 노크를 하기에 들어오라고 했더니 지방의 유지인 듯한, 장로님으로 보이는 분이 "피곤하시겠지만 제가 5분만 말씀드리겠습니다. 안병욱 선생님 건강 어떻습니까?" 하고 묻더군요. 그래서 좋지 못하다고, 이제는 일을 못하신다고 답했습니다.

그분이, "저희들은 1960~70년대에 젊은 세월을 보냈는데 그때는 정말 사는 게 힘들었습니다. 경제적인 면은 물론이고, 무엇보다도 정신적으로 공허해서 힘들었는데 그래도 김형석 선생님과 안병욱 선생님이 계셔서 강연도 해주시고 책도 써주신 덕분에 희망이 있었습니다. 그 희망으로 힘든 시기를 넘겼습니다. 그래서 이번에 여기 온 김에 감사하다는 말씀을 한번 드리고 싶었습니다. 저는 하나님께서 우리를 위해서 두 분을 보내주셨다고 믿고 그 시기를 견뎠습니다. 안 선생님 뵙게 되면 그런 사연 좀 전해주세요" 하고는 가셨습니다.

그래서 그날 장례식 자리에서, 제가 그런 부탁을 받고도 안 선생이 병중에 있어서 그 얘기를 전할 기회가 없었는데, 이제야 그 이야기를 전하게 되었다며, 영정 사진 속 안 선생에게 이렇게 말했습니다. "우린 그때 아무것도 한 게 없는데 비록 마음뿐이었을 망정 사람들에게 도움을 주고 싶다는 우리의 그 마음을 이렇게 고맙게 생각해주니까, 안 선생, 마음 놓고 편안히 쉬세요."

그 뒤 양구 분들이 우리 두 사람을 위해서 기념관을 지어주셨습니다. 우리 두 사람이 자신들을 위해서 고생한 것도 있고, 저랑 안 선생 고향이 북쪽이기 때문에 갈 곳도 없으니 그리로 오라는 뜻에서였습니다. 그래서 안 선생은 그곳으로 가셨고, 저도 앞으로 그리로 갈 것입니다.

성경에 "보라 세상 죄를 지고 가는 하나님의 어린 양이로다"(요 1:29)라는 구절이 있습니다. 그럼 예수님은 누구십니까? 우리의 모든 고생을 사랑으로 대신 져주신 분이십니다. 그렇다면 그리스도인의 인생은 어떠해야 할까요? 예수님을 구주로 받아들이고 그리스도인의 사명을 깨달아 다른 사람의 짐을 사랑으로 대신 져주는 것. 그것이 우리가 선택해야 할 길입니다. 암만 생각해도 그 이상은 없을 것 같습니다. 그 이상

　그리스도인의 책임과 의무는 무엇인가

은 이 세상이 요구하는 것이지 주님이 요구하시는 것은 아니라고 생각합니다. 이것이 아마 주님께서 우리에게 주는 뜻이 아닐까 여겨집니다.

인간으로서 받아들일 수 있는 하나의 길은 은총의 선택입니다. 내 노력만으로 되는 게 아니라 하나님의 은총으로 선택되어야 한다는 것입니다. 그래서 신앙을 가져본 사람은, 자신은 마음의 준비만 했을 뿐, 채워주시는 분은 주님이신 것을 압니다. 또 이 나이가 되도록 많은 사람들을 사귀고 보니, '내 인생은 주님의 섭리 중 하나였고, 주님의 뜻이었다'는 것에 수긍하게 됩니다. 또 그렇게 생각하는 사람은 이 세상을 떠날 때도 '나는 이제 내 할 일은 다 했으니 뒷일은 주님께 맡기겠습니다' 하게 될 것입니다. 또 그런 마음을 가지는 것이 신앙인의 자세인 것 같습니다. 그 이상에 관심을 가지는 것은 인간의 욕심입니다.

4강 ::

누가 교회를
떠나는가

그리스도를 만나지 못한 채

교회를 떠나는 사람들

기억하는 분들이 있을지 모르겠지만 17년쯤 전에 《교회가 죽어야 예수가 산다》라는 책이 출간된 적이 있습니다. 그 책의 저자는 교회를 사랑하는 기독교 평론가로, 저도 그 책을 읽어보았습니다. 저자는 그 책에서 '교회에는 앙상한 교리만 남고 지도자들은 교회 운영에만 치중할 뿐, 교회에 기독교 정신은 이미 사라졌다. 그러니 교회를 떠나서 기독교 정신을 가지고 사회를 이끌어가는 것이 더 중요하다'라는 주장을 했습니다. 즉 현실의 교회에 대해 불만을 제기하는 내용이었습니다. 목사님들이나 신부님들이 그 책에 얼마나 관심을 가졌는지는 모르겠습니다만, 그 책이 그다지 반응을 얻지는 못했던 것으로 기억합니다.

이러한 문제를 다루는 또 다른 글로는, 제가 2008년에 미국에 갔을 때 본《그들은 왜 교회를 떠났을까?》라는 책입니다. 미주 한국일보 종교 담당 기자가 쓴 책으로 그는 교회에 대해 여러 문제를 지적했는데, 일단 교회 안의 비리 문제를 비판하면서 일반 사회에서도 보기 드문 사건들이 교회 안에서 비일비재하게 벌어지고 있다고 했습니다. 또, 교회에 가서 우리가 얻고 받아들일 것도 없거니와 앞으로 더 배울 것도 없다고 주장했습니다. 교회를 떠나는 것이 오히려 신앙을 지키는 데, 또 그리스도의 일꾼이 되는 데 도움이 될 테니 교회에 연연하지 말고 떠날 사람은 떠나라고 했습니다.

이와 관련된 극단적인 주장 중 하나가 일본에서 일어난 무교회주의 운동입니다. 일본의 무교회주의자들은 현재의 교회로서는 인간이, 또 그들의 조국이 희망을 가질 수 없다고 보고 교회를 떠나고자 합니다. 교회들이 그저 교회의 규모를 키우는 데만, 교회 내 생활에만 치중하느라 정작 그리스도의 정신과 진리를 외면하고 있다는 것입니다. 일본의 교회가 교회 자체만 생각할 뿐 민족과 국가를 하늘나라로 바꾸는 책임을 방기(放棄)하고 있으니 차라리 교회를 떠나자는 주장입니다. 일본에는 그런 운동이 지금도 존재하고 있습니다.

일본에서는 그 운동이 상당히 큰 영향을 미쳤습니다. 무교회주의의 주창자가 앞에서 한 번 거론한 우치무라 간조입니다. 그가 도쿄에서 정기적으로 기독교 성경 강좌를 열면 교수들을 비롯해 일본의 각계 인사들이 다 모일 정도였습니다. 그때 우리나라에서도 함석헌, 류달영, 노평구, 김교신 선생 등이 그 자리에 가셨습니다. 그분들이 그의 강의를 듣고 한국에 돌아와서 "우리도 이제는 교회에 기대하지 말고 성경 말씀에 따른 진리를 위해서 살아야겠다"고 주장함으로써 우리나라에도 무교회주의 운동 비슷한 것이 일어났습니다.

교회주의가 먼저 있었으니 그것에 반하여 생긴 것이 무교회주의입니다. 교회가 잘못된 방향으로 가고 교회만 생각하는 교회주의가 있으니까 무교회주의가 일어난 것이지, 교회주의가 없었다면 무교회주의라는 주장도 생겨날 수 없습니다. 또 제 생각에 교회를 떠난 사람은 있을지 모르지만, 무교회주의는 성립할 수가 없습니다. 앞에서 말씀드렸듯이 신앙을 가진 그리스도인들이 모이는 것이 기독교 공동체입니다.

기독교 가정도, 세브란스 병원도, 이화여자대학교도 기독교 신앙 아래 모였으므로 기독교 공동체입니다. 그 많은 공동체 가운데 교회가 가장 대표적인 공동체입니다. 그러니까 교회는 기독교 공동체의 모체라는 말입니다. 모든 기독교 공동체가 교회를 시작으로 사회에 존재하게 되는 것이라고 보는 것이 옳을 듯합니다. 그러므로 기독교 공동체가 있는 한 무교회주의는 실질적으로 성립할 수가 없습니다. 기독교 공동체의 모체는 교회이기 때문입니다.

그런데 교회가 어머니 노릇을 잘하려면, 기독교 공동체에 대한 교회의 책임, 특히 교회의 지도자들이 져야 할 책임이 있습니다. 그리스도를 만나기 위해서 교회에 왔다가 그리스도를 만나지 못하고 교회의 겉모습만 보고 실망해서 떠나는 사람들이 없어야 합니다. 예수님께서 말씀하신 대로, 오히려 우리 때문에 다른 사람이 넘어지는 일은 없어야 합니다. 그런데 안타깝게도 지금 교회를 떠나는 사람들 가운데 상당수가 그렇게 실망해서 떠나는 것 같습니다.

제가 충청남도 예산의 제일감리교회에 여름방학 부흥회 강사로 갔을 때의 일입니다. 그 부흥회에 교인들은 물론이고 교회를 안 다니는 사람들까지 오는 바람에 예배당 자리가 모자랐습니다. 그래서 부흥회를 예배당이 아니라 그 3배의 인원을 수용할 수 있는, 지금은 농과대학이 된 한 농업고등학교 강당에서 진행하게 되었습니다. 거기서 강연하고 목사님 사택 윗방에서 숙식을 해결했습니다. 하여간 그 방에 머물고 있는데, 서로 친구인 듯한 세 젊은이가 저를 찾아왔습니다. 그 중 한 사람은 머쓱한지 들어오지 않으려고 하는데 나머지 두 사람이 그를 잡아끌듯이 데리고 들어왔습니다. 그들은 저에게 말씀드릴 게 있다면서, 그 중 하나가 데리고 온 친구의 사연을 이야기했습니다.

그는 그곳 예산이 고향으로, 유교 가정에서 자랐습니다. 그런데 유교적인 사고방식으로는 나라에 봉사할 수도 없고 젊은이가 희망을 가질 수도 없다는 생각에, 자기 자신과 사회를 위해서 가치관과 인생관을 기독교로 바꿔야겠다고 결심했답니다. 그리고 자진해서 교회에 나갔습니다. 교회에 다니면서 봉사도 하고, 그러다 주일학교 여선생님과 결혼해서 가정도 꾸렸습니다. 참 행복했겠죠. 그렇게 '내가 참 옳은 선택을 했구나' 하면서 열심히 신앙생활을 했답니다.

그러던 어느 날 교회 목사님이, 감리교 지도자를 뽑는 전국 감리교연회가 서울 정동교회에서 열리니 가서 은혜받고 싶은 사람들은 가보라고 알렸답니다. 그 젊은이가 전국 감리교 지도자들이 모이는 곳에 한번 가보고 싶은 마음에, 개회 전날 서울에 도착해 정동교회 옆에 여관을 잡았습니다. 개회하는 첫날만 해도 예배하고 찬송하고, 모든 절차가 은혜롭게 진행되었답니다. 그런데 유감스럽게도 그해의 감리교연회에서는 감리교 지도자를 선출하는 데 105번이나 투표를 할 정도로 혼란스러운 선거를 치렀습니다. 그가 그 전 과정을 지켜보면서 실망한 것은 당연했습니다. '세상 사람들도 저렇게는 안 하는데 내가 속았구나. 뭔가 새로운 걸 기대한 내가 속았구나.' 유교 전통을 가진 자기 집안에서 떠나다시피 했는데 이제는 교회에 가졌던 기대조차도 무너졌으니 정신적 충격이 컸던 것입니다.

누가 교회를 떠나는가

크게 상심한 그는 원양어선 선원을 모집하는 신문광고를 보고는 선원이 돼서 먼 바다로 나갔습니다. 그러면서 여기저기 바다를 떠돌며 선원들과 어울려 술 마시고 고뇌하면서 마치 인생의 방랑자가 된 듯이 살았답니다. 그런데 그러는 동안 술을 너무 많이 마신 탓인지 간암이 발병했습니다. 본인의 몸이 너무 힘들고 고통스러우니까 배가 일본 오사카에 며칠 머무르는 동안 그곳 의사를 찾아가서 고통을 호소하고 진료를 받았더니 간암 말기라는 진단이 나왔던 것입니다. 의사가 이대로는 1년도 살지 못하니 당장 술 끊고 집에 가서 절대 안정을 취하라고 했답니다. '이제 내 인생은 끝났다' 싶었겠지요.

그렇게 또다시 고향땅에 돌아왔는데, 이제는 교회가 자기를 버렸다면서 다시 교회 나갈 생각은 전혀 하지 않고 있었답니다. 그렇게 실의에 빠져 지내다가 그의 친구들인 같이 온 두 젊은이가, "이번에 부흥사로 온 분은 목사가 아니라 교수고, 또 교회가 아니라 학교 강당에서 모이니 거기라도 가보자"고 권했던 것입니다. 그가 두 친구의 도움으로 사흘 동안 부흥회에 왔다가 부흥회가 끝나면 저를 못 만날 테니까 친구들이 그를 데리고 아예 저의 숙소를 찾아왔던 것입니다. 몸이 많이 쇠약해진 젊은이가 "저는 이제 어떻게 하면 좋습니까?" 하고 물었습니다. 그래서 제가 이렇게 이야기해주었습니다.

"이것은 다 우리 교회 지도자의 책임입니다. 사람이 교회에 가는 것은 교회 자체 때문도 아니고, 즐겁게 살기 위해서도 아니고, 출세하기 위해서도 아닙니다. 예수 그리스도를 만나기 위해서입니다. 다른 어느 곳보다도 교회가 예수 그리스도를 만날 수 있는 곳이 되어야 하는데, 당신은 목사님과 지도자들의 잘못된 모습만 보았지 그리스도는 만나지 못했습니다. 그 지도자들이 당신에게 그리스도를 만나게 해주지 못했습니다. 그러니 이것은 우리의 책임입니다. 이제 얼마 남지 않았으니 집에 돌아가서 조용히 성경을 읽으십시오. 성경을 읽으면 예수님께서 무엇인가 이야기해주실 것입니다. 그리고 기도드리고 싶으면 기도드리십시오. 그렇게 예수님을 받아들이면 힘들게 고생하며 몇 년 동안 교회에 다닌 것보다 더 빨리 그리스도를 만나게 될 것입니다. 그리스도를 만나는 것이 목적입니다. 목사님들이 보인 실망스러운 행적들은 인간의 실수려니 하고 잊어버리고 자신의 길을 가십시오."

그러고는 저의 이야기도 하나 해줬습니다. "제가 일제강점기 때 학도병 문제로 고민이 많았습니다. 당시 대부분의 학생들이 일본군으로 끌려가는 것에 대해 고민하며 술 마시고 낙망할 때입니다. 그때 저는 예수님께서 저에게 어떤 뜻을 가지고 계신가 알고 싶어서 방에 조용히 앉아서 성경을 읽으면서 기도드렸습니다. 그렇게 기도하면서 제가 발견한 것이 '너희가 나를 택한 것이 아니요 내가 너희를 택하여 세웠나니'(요 15:16)라는 말씀이었습니다. 저는 과거에 신앙생활을 하면서 하루나 이틀씩 기도를 드리겠다는 생각으로 방에 들어가 혼자 조용한 시간을 보내곤 했습니다. 그런데 그날은 '하나님 아버지' 이렇게 부르고는 아무 말도 하지 못했습니다. 내가 세상에 태어나서 진정으로 한번 하나님을 아버지라고 불렀기 때문입니다. 그 아버지께서 나를 택했다고 하면 그뿐, 그 외에는 아무 걱정도 안 했습니다. 남은 시간 교회 안 가도 좋으니까 이처럼 조용히 성경을 읽으며 기도드리고 싶은 마음이 생기면 기도드리십시오." 이렇게 말해주고는 그 셋과 헤어졌습니다.

충격적인 이야기가 또 있습니다. 오래전 미국에 갔을 때 일입니다. 제 제자 가운데 미국에서 교수로 지내는 사람이 있습니다. 그런데 그 교수가 저에게 비행기 표까지 보내면서 자기네 집에서 2, 3일 동안 머물다 가라고 했습니다. 제자 부탁이니 그러마고 갔습니다. 저더러 그렇게까지 와달라고 부탁한 데는 이유가 있었습니다. 문제의 내막은 이렇습니다.

그 교수 부인의 아버지가 한국 여호와의 증인의 총책임자인데 그녀가 자기 아버지가 하는 일, 여호와의 증인이 하는 일을 보고는 '이건 옳지 않다. 아버지가 너무나 잘못하고 있다' 하는 생각이 들었답니다. 그러니 그 부인이 얼마나 마음이 아프고 힘들었겠습니까. 그래서 그만 무신론자가 되어 교회를 떠나고 말았습니다.

한편 그 교수는 교회를 모르고 자라다가 고등학생 때 교사였던 저와의 인연으로 언젠가는 자신도 그리스도인이 되어야겠다고 마음을 먹었었다고 합니다. 하지만 학자로 바쁜 생활을 보내느라 미국에 간 뒤에야 교회에 나가기 시작했답니다.

그런데 그 사람이 나가던 한인교회에서 전임 목사님과 후임 목사님 사이의 갈등 때문에 내분이 계속 벌어지고 있었던 것입니다. 그 다툼의 틈바구니에서 그는 싸울 필요도 없는 것으로 싸우는 모습이 너무나 어리석어 보이거니와 그 교회가 도무지 신앙인으로서, 아니 지성인으로서도 갈 곳이 아니라는 생각이 들더랍니다. 그래도 예수는 믿어야겠다는 마음에 억지로 나가다가 그 즈음에는 아예 나가지 않고 있었답니다. 그런데 제가 미국에 왔다는 것을 알고는 저를 청해 "이제 자기들은 어떻게 했으면 좋겠느냐"며 조언을 구했습니다.

그때에도 저는 그 교수 부부에게 '나는 교회 안 나간다' 혹은 '우리 아버지가 잘못하고 있다'는 것을 문제 삼아서 그것에 얽매이지 말라고 답했습니다. 다만 중요한 것은 "예수 그리스도가 어떤 분이며 그분이 나에게 무엇을 원하시는가, 하늘나라를 위한 나의 책임은 무엇인가"라고 말해줬습니다. 아버지도 현재의 교회도 생각하지 말라고 하면서 여호와의 증인이 잘못됐더라도 예수님이 잘못된 것은 아니며 나가던 교회의 상황에도 부담을 느낄 필요가 없으니 그런 것에는 신경쓰지 말라고 했습니다.

교회 지도자들 중에 그리스도를 만나게 해주는 책임을 감당하지 못하거나 심지어 그리스도를 만나려고 교회에 온 사람이 지도자의 모습에 실망해 교회를 떠나게 만드는 것은 도무지 옳지 않다고 생각합니다. 그러느니 차라리 목회자를 포기하는 게 낫습니다.

세상 사람들은 목사님이나 교회 지도자들보다 이 문제를 더 심각하게 생각합니다. 그리스도를 만나게 해주는 책임을 감당해야 하는 목사님이나 교회 지도자들은 이 사실을 명심해야 합니다. 평신도들에게는 그런 신앙이 인생관이 되기 때문입니다. 목사님들이 자신은 그저 설교만 잘하면 된다고 생각하면 안 됩니다. 저도 설교나 강연을 많이 하던 시절에는 그것만 잘하면 되는 줄 알았습니다. 그러나 그렇지 않습니다. 제 강연을 듣고, 저를 만나본 사람들이 제가 떠난 뒤 저는 잊어버리더라도 그리스도를 알게 되어 그분께로 가야 하기 때문입니다.

저도 교회 안에서 기독학생 운동을 열심히 하다가 나중에는 운동을 떠나 교회 밖에서 제 일을 하게 되었습니다. 기독학생 운동을 하는 사람들은 대부분 교회주의에 빠져서 장로교가 어떻고 감리교가 어떻고 하는 문제에만 치중하는 것을 볼 수 있습니다. 심지어 장로교 안에서도 한때 기독교 장로회와 예수교 장로회가 대립하는 모습을 보였습니다. 학생과 청년들을 그리스도께로 안내하는 것이 그들의 본분임에도, 그저 자기 편으로 끌어들이느라 바쁩니다. 그것은 국회의원들이나 할 일이지 그리스도인이 할 일은 아닙니다.

오늘날 이런 문제가 왜 심각할까요? 예전에는 이것을 교리의 문제라고 했습니다. 그런데 저는 교리의 문제가 아니라, '그리스도의 말씀을 자기 진리로 삼았는가, 그렇지 않은가?'에서 기인하는 문제라고 봅니다. 예수님의 말씀이 자신의 인생관이자 가치관이 되고 삶의 진리가 되어야 하는데 그렇지 못해서 그런 문제가 생겼다는 말입니다.

교인이라면 누구나 교회를 걱정하는 마음을 가지게 됩니

다. 그렇다면 '어디서부터 잘못되었을까요? 제가 생각해본 바로는 이렇습니다. 종교에는 권위가 있어야 하지만 권위주의가 되지는 말아야 합니다. 그와 마찬가지로, 교회는 있어야 하지만 교회에만 매몰되는 교회주의가 되어서는 안 됩니다. 그러면 모든 신앙이 교회에서 시작해서 교회로 끝나게 될 뿐만 아니라, 신앙이 교회를 위해 존재하는 것으로 착각하게 됩니다.

그런데 우리의 교회생활은 어떻습니까? 교회 와서 즐기고, 교회 안에서 만족을 찾고, 어떤 사람은 또 교회에서 출세합니다.

제가 다니는 교회에서는 교회에 못 나온 사람에게 다음 주일에는 교회 나오라는 편지를 보내줍니다. 제가 받아본 편지에는 꼭 '김형석 성도'라고 적혀 있었습니다. 그 편지를 받으면 저 같은 사람이 무슨 성도인가 한없이 부끄러워집니다. 저는 많이 모자란 사람인데 성(聖)자를 붙여주니 말입니다. 저는 그저 '신도', '믿는 사람'이지 '성스러운 사람'은 아니라고 한 친구에게 말했더니 그 친구가 "김 선생 아직도 뭘 모르는군" 하며 이렇게 설명해주었습니다. 성도는 교회에서 제일 낮은 것이고 그보다 높은 것이 집사, 그보다 높은 것이 안수집사,

그다음이 장로인데, 저는 아무 직책에도 올라가지 못했으니까 성도라고 부른다고요. 이렇게 우리는 자신이 성도라고 불리는 것에 대해 안일하게 생각하지만 한번 그 의미를 잘 새겨보아야 합니다.

제가 걱정하는 두 가지가 있습니다. 우선 교파나 교단을 너무 따지는 것은 좋지 않다는 점입니다. 세상 사람들이 그런 모습을 원하지 않거든요. 교파나 교단을 지나치게 따지는 것이 어느 정도인지 보여주는 일화가 있습니다.

제 선배 중에 어느 장로교회 목사님이 계십니다. 그분이 하루는 제게 어느 교회 나가느냐 물으시기에 감리교회 나간다고 했더니 그 선배님이, 지금까지 장로교를 섬긴 사람이 왜 감리교에 나가느냐고 되물으셨습니다. 그래서 집 근처에 감리교가 있어서라고, 더 가까운 곳에 만약 천주교가 있으면 성당에 갈까 하는 생각도 든다고 했지요. 그 말을 들으시곤 그 선배님이 "뭐요? 성당에 가요?" 하고 펄쩍 뛰셨습니다. 그 선배님이 세상을 떠나신 뒤에 그 아들이 "제 아버지 보수적이신 것은 말할 것도 없죠. 천주교도 인정 안 하신 걸요"라고 말하더군요. 그렇게까지 교파를 따지는 것은 좋지 않다고 생각합니다. 마찬가지로 제가 천주교를 좀 걱정하기라도 하면, 주변에서는 왜 천주교 걱정을 하느냐고들 합니다만, 여러 자식을 둔 아버지가 어떤 자식은 걱정하고 다른 자식은 걱정하지 않는다면 그것이 아버지 된 도리겠습니까? 아무리 자식이 많아도 아버지가 모든 자식을 걱정하듯이, 천주교에 관심을 갖는 것은 오히려 당연합니다. 그러나 우리는 이런 문제를 너무 가볍게 생각합니다.

다른 한 가지 걱정은, 교회에서 어떤 직책을 맡았다고 해서 '나는 성직자다'라는 생각에 너무 취하는 것은 좋지 않다는 것입니다. 성직자는 자기가 성직자라는 것을 의식하면 안 됩니다. 교회 나가는 사람들이 세상 사람들과 한 가지 다른 점이 있다면 자신의 부족함을 잘 알고 있다는 것 아닙니까? 세상 사람들은 법에만 안 걸리면 '나는 죄를 짓지 않았다'라고 생각하지만 우리는 그러지 못합니다. '내 양심에, 또 주님께 물은 바 내가 잘못했다'라고 생각합니다. 즉 직책으로 인해 자만하면 안 된다는 말입니다.

저는 제 친구 안병욱 선생과 이런 문제에 대해 자주 이야기를 나누었습니다. 안 선생에 의하면 인간 중에 가장 훌륭

누가 교회를 떠나는가

한 인간은, 거짓이 없고 겸손하고 항상 성실한 인간이라고 합니다. 제 친구들 중에 철학 교수들은 하나같이 "사람은 성실하게 살아야 한다"라고 말합니다. 성실한 사람은 신앙을 가질 수 있지만, 성실을 포기한 사람은 신앙을 가지지 못한다고 봅니다. 저는 안 선생과 이런 이야기를 한 적도 있습니다. 성실한 사람 중의 성실한 사람이 공자님이지만 그분이 신앙을 못 가진 이유는 끝까지 성실함을 유지해서 자기를 믿고 신을 믿지 못했기 때문이라고요. 그렇다면 성실한 사람은 언제 신앙을 가지는가? 성실한 사람이 경건한 마음을 가지면 신앙의 문을 두드리게 됩니다. 자기 할 바를 성실하게 다하고 기독교 문에 와서 노크할 때는 성실이 경건으로 변합니다. 그때 우리가 신앙을 갖게 되는 것입니다.

신앙의 최종 목적은
교회가 아니라 하늘나라

이런 문제들에 대해 생각을 나누다보면, '교회를 떠날 것인가, 떠나지 않을 것인가?' '어떤 것이 죄 혹은 잘못인가, 아닌가?' 하는 것은 표면적인 문제일 뿐임을 알게 됩니다. 그리스도를 받아들인 사람, 즉 그리스도의 말씀을 자신의 인생관과 가치관으로 삼은 사람은 다른 사람에게 '왜 교회에 있지 않고 떠났을까?' 하는 것을 물을 필요가 없습니다. 그들은 저마다의 신앙을 가지고 사회활동을 하는 것이니까요. 그들에게 교회가 할 수 있는 것은, 그들을 위해 기도하는 것입니다.

예를 들어 교인 중에 국회의원이 된 사람이 있다면, 그가 그리스도인답게 좋은 정치를 하길 기도해주면 됩니다. 또 목사님들도 그들을 위해 기도하는 책임을 지면 됩니다. 또 교인들 중에 의사나 장관이 있다면, 비록 그가 지금은 교회에 나오지 못하더라도 목사님들은 그들이 그리스도의 뜻대로 우리 사회를 변화시킬 수 있도록 도와달라고 기도하는 책임은 져야 한다는 것입니다. 교회는 기독교 공동체의 모체니까요. 부모가 되어서 밖에 나간 아들딸들이 잘되라고, 사회에 봉사하게 해달라고 기도하는 것조차 해주지 않으면 부모 자격이 없지 않겠습니까? 그럼에도 일부 목사님들은 그런 사람들에게 오히려, "왜 교회 안 나오느냐? 교회 안 나오는 것은 잘못이다" 하고 비판만 하십니다. 그러나 그것은 바람직하지 않습니다. 그분들이 밖에서 믿음의 일을 더 잘할 수 있도록 도와야 합니다.

그리고 제가 오랫동안 교수로 지내면서 보니 같은 기독교 공동체라도 대학은 교회와 조금 다릅니다. 제가 중앙학교에 재직하던 시절, 그 학교에는 선생님들 중에는 그리스도인이 한 분도 없는데 학생들 가운데는 꽤 있었습니다. 그래서 그 학생들을 중심으로 학교 밖에서 성경공부 모임을 가지곤 했습니다. 저는 제자들을 다 사랑하지만 특히 그 학생들에게는 더욱 사랑이 깊었기 때문에 항상 그들을 위해 기도하게 되더군요. 앞으로 행복하게 자라고 전쟁 때 어려움 겪지 않게 해달라고 말입니다.

요컨대 교회는 그리스도를 받아들이고 떠난 사람을 위해서 기도해줄 의무는 있지만, 그들을 비판하면 안 됩니다. 진정으로 교회를 사랑하는 사람이라면, 교회가 신앙의 최종 목적은 아니고, 교회는 하늘나라를 위한 주님의 일꾼을 키워주는 곳이라는 점을 되새겨보았으면 좋겠습니다.

결론은, 신앙은 강제가 아니라 선택이라는 것입니다. 신앙은 끝까지 자기 선택입니다. 여러분이 더 좋은 선택을 하는데 제 이야기가 도움이 되었으면 합니다.

또 한 가지, '교회를 떠날 사람은 떠나라'는 말에 대해 오해가 없기를 바랍니다. "당신 같은 사람은 교회에서 떠나야 한다"라는 말을 듣고 교회로부터 쫓겨난 사람이 있는데, 바로 종교개혁을 일으킨 마르틴 루터입니다. 그렇게 해서 루터가 천주교에서 파문당하지 않았습니까? 천주교라는 큰 추와 종교개혁을 일으킨 마르틴 루터라는 추를 양팔저울에 달아보니까 무게가 같았거든요. 예수님의 말씀은 당시 부패한 구교에 있지 않고 종교개혁을 일으킨 쪽에 있었기 때문입니다. 따라서 "왜 우리 교회를 떠나느냐"라고 얘기할 자격은 우리에게 있지 않다는 뜻입니다. 우리가 할 수 있는 것은 주님께 그분들을 더 사랑해주시고 더 많이 일하게 해달라고 기도하는 것밖에는 없습니다. 그런 분들이 교회로 돌아오면 누구보다 교회 열심히 섬깁니다. 왜냐하면 그리스도인으로서의 책임을 더 잘 알기 때문입니다.

그리스도인이 할 일은
주변에 선한 영향력을 끼치는 것

제가 오랫동안 성경강좌를 해오면서 보니, 제 강좌에는 교회에 불만이 좀 있는 사람들, 교회 가서 고통을 당한 사람들이 주로 왔습니다. 그들이 저와 함께 성경공부를 한 뒤에 다시 교회로 돌아가면 정말 교회를 잘 섬기는 것을 볼 수 있습니다. 목사님 설교가 조금 어긋나 보여도, 결국엔 설교 자체보다 더 높은 차원의 진리를 찾아가고 있는 것을 아니까요. 또 장로님의 행실이 조금 마땅치 않아도, '사람이면 누구나 그런 과정을 밟으니 우리도 언젠가는 더 좋아지겠지' 하면서 받아들이게 됩니다. 떠나는 것도 나쁘지는 않습니다만, 그런 가운데서도 교회를 섬기면 더 좋습니다.

교인이라면 '그리스도인으로서 우리의 할 일이 무엇인가?'라는 생각을 많이 합니다. 그런 맥락에서, 예수님을 만난 사람과 만나지 못한 사람은 무언가 다르다는 것을 깨닫게 됩니다.

구본명 교수님(1981년 별세)이 서울대학교, 성균관대학교를 거쳐 연세대학교 철학과에 새로 오시게 되었습니다. 그분이 자신은 교회에 안 나가지만 연세대학교 와서 느낀 점이 있다며 제게 이런 이야기를 했습니다. "서울대학교에서도 성균관대학교에서도 본 일이 없는데 연세대학교에 계신 네 교수님은 기독교 학교 교수답다고 할까, 어딘가 좀 다릅니다." 그래서 제가 어떤 분이냐고 물으니 학과를 밝히며 이름을 거론했습니다. 가만 들어보니 그 네 분들이 모두 그리스도인이었습니다. 구 교수님은 교회를 모르는 분인데도, 그분들과 가까이 지내면서, 그들이 겸손하고 욕심도 없고, 다른 이를 비판하지 않고 언제나 도와주려고 한다고 감탄하셨습니다. 많은 교수들을 봐왔지만, 기독교 대학이어서인지 그 네 분이 어딘가 다르다고요. 그 네 분 중 한 교수님은 제가 앞에서 이야기한 무교회주의자입니다. 그래도 요한복음의 원문을 번역하고 꾸준히 연구한 분이었습니다. 그분은 정말 저보다도 신실하신 분입니다. 그래서 저도 그런 사람이 되자고 마음을 먹었습니다.

요컨대 여러분이 그리스도인이라면 여러분 옆에 있는 사람들이, 교회를 모르는 사람들조차 저처럼 생각할 수 있게 해야 한다는 것입니다. 만약 여러분이 직장에 있다가 떠날 때 동료들이 '아, 그분이 떠나니까 참 허전하다. 그분 덕에 오랫동안 행복하고 좋았는데, 그런 분이 또다시 오면 좋겠다'라고 생각할 정도로 선한 영향력을 미쳐야 합니다. 그러다 여러분이 그리스도인이라는 사실을 알게 되면 '아, 그분은 뭔가 다르더니 그리스도인이어서였구나' 할 수 있도록 말입니다. 그게 바로

누가 교회를 떠나는가

전도입니다. 설교를 잘한다고 해서 전도가 되는 게 아닙니다. 여러분이 그런 그리스도인이 되었으면 좋겠습니다.

5강 ::

교회생활과 사회생활은
하나다

인생에서

가장 행복했던 순간

살다보니 '삶에는 고난과 시련도 있지만 그것은 행복을 위한 하나의 과정이니까 행복의 연장이 아닐까? 그러니 인생은 행복한 것 아닌가' 하는 생각을 하게 됩니다. 서양 속담에 "악마는 우리를 유혹하지만 하나님은 우리에게 시련을 주신다"는 말이 있습니다. 저는 그 말의 의미가 '악마는 우리를 유혹해서 무너뜨리지만, 하나님께서는 우리에게 시련을 주심으로써 더 행복하게 하신다는 의미가 아닐까' 생각합니다.

저도 살아오는 동안 개인적으로 가장 행복하다고 느꼈을 때가 있었습니다. 1970년대 초반 미국의 한인 교포들을 위해 뉴욕의 교회를 중심으로 강연을 하러 간 적이 있습니다. 그중에 한 오래된 한인교회에 가게 되었는데, 최효섭 목사님이 담임목사로 계셨습니다. 최 목사님은 요새 교인들이 많이 모이질 않는다며 재적교인은 250명 정도 되지만 아마 교인들이 바빠서 부흥회에는 150~200명쯤 참석할 것 같다고 말씀하셨습니다.

그런데 첫날부터 그 큰 예배당이 가득 찼습니다. 설교를 하는 도중에 웬 나이 지긋한 흑인 아저씨가 예배당 문을 열고 한참 안을 들여다보고는 싱글싱글 웃더니 닫고 갔습니다. 그러고는 또 좀 있다가 다시 와서 쓱 문을 열어보곤 싱글싱글 웃더니 다시 닫고 가고는 했습니다.

아무튼 보람 있게 그 집회를 마치고나서 최 목사님께 그 아저씨 이야기를 했습니다. 목사님의 설명에 따르면, 그분은 교회 사찰인데, 일생의 꿈이자 소원이 예배당이 가득 차는 걸 보는 것이었다고 합니다. 그런데 그때 4일이나 가득 찼으니까 그분이 그 모습을 보고는 기뻐했던 것입니다. 저 역시 그때가 그분처럼 제일 행복한 때가 아니었나 싶습니다. 주님이 나를, 시골에서 가난하게 자란 철없는 나를 택해서 이렇게 많은 일을 맡겨주셨구나 하는 생각에 가슴벅찼던 순간이었습니다.

교회 생활과 사회생활은 하나다

예수님께서 제자들과 다니시던 길을 살펴보면 북쪽으로는 갈릴리 지방, 가운데는 사마리아 지방, 남쪽으로는 유대 지방이었는데, 예수님의 고향은 그중 북쪽 갈릴리였습니다. 당시 사람들은 유월절을 기리기 위해 예루살렘에 갈 때 사마리아를 지나가지 않고, 항상 요단강 쪽으로 돌아 여리고 언덕길을 오갔습니다. 사마리아 지방을 통과하지 않은 이유는, 사마리아인들은 이방인의 피가 섞인 사람들로 순수한 신앙을 잃어버렸다고 생각했기 때문입니다. 하나님의 사랑을 받기에는 부족한 버림받은 사람들이 사는 곳이라고 여겼던 것이지요. 그리고 사마리아 사람들 스스로도 예루살렘에 올 자격이 없다고 여겨 자기네끼리 그곳에만 머물렀습니다. 지금도 여행을 하다보면 예수님이 남쪽에서 사마리아를 통해 북쪽으로 가셨던 흔적이 남아 있습니다. 그 지방에 야곱의 우물도 있고요.

그 길과 관련해 자주 듣는 이야기가 하나 있습니다. 요한복음 4장에 나오는, 예수님이 사마리아 길을 지나시다가 우물가에서 사마리아 여인을 만난 이야기 말입니다. 제자들은 예수님이 평소에 안 다니던 길을 한번 지나가자니까 호기심으로 따라가게 되었습니다. 야곱의 우물가에 이르러 제자들은 점심식사를 마련하러 마을로 들어가고 예수님만 앉아 계실 때 그곳 수가성에 사는 여인이 물 길러 왔다가 예수님을 만나게 되는 이야기가 등장하지 않습니까?

당시나 지금이나 사람들의 마음속에는 항상 종교 갈등, 그러니까 종교에서 비롯한 우월감이나 열등감이 굳게 박혀 있었나 봅니다. 예수님께서 여인에게 물을 청했더니 그 여인이, "당신은 우리를 아주 천히 여기는 유대 사람인데 왜 천한 사마리아 사람, 게다가 남자도 아닌 여자인 저에게 물을 달라고 하십니까?" 하고 되묻지요. 이렇게 종교 시비로 대화가 시작되었는데, 그 대화 중에 예수님은 이렇게 말씀하십니다. "네가 마시는 물은 마시고 난 뒤 다시 목마르지만 내가 주는 물을 마시는 사람은 영원히 목마르지 않을 것이다." 그 여인이, '내가 지금 긷는 물은 당신들의 선조이자 우리들의 선조이기도 한 야곱의 우물물인데, 당신이 유대인이라고 해서 야곱보다도 더 잘났다는 식으로 얘기하는 것이 마음에 들지 않는다'라고 생각하는 듯이 "그런 물이 있으면 좀 줘보지 그러세요"

라고 말합니다. 그 말을 듣고 예수님께서 "내가 그 물을 주겠다. 그러나 그 전에 네 남편을 좀 봤으면 좋겠다" 하셨지요. 그 여인이 자신에게는 남편이 없다고 대답하자 예수님이 그 여인에게 "그래, 과거에 네가 다섯 남자와 더불어 산 일이 있는데 지금 같이 사는 남자하고도 정식으로 결혼한 사이는 아니니까 남편이 없다고 하는 말이 맞다"라고 하셨습니다. 그 말을 듣고 이 여인이 놀랐겠지요. 자기가 아주 깊이 숨겨둔 개인적인 비밀, 자기밖에 모르는 비밀을 예수님이 얘기하니까, '저 분이 지금 뭔가 나한테 예사롭지 않은, 종교적인 암시를 주시는구나' 하고 느끼고는 이렇게 말합니다. "주여 내가 보니 선지자로소이다."

예수님이 그렇게 그 여인과 첫 마디부터 해서 모두 열세 마디의 대화를 나누십니다. 예수님의 생애 가운데 그만큼 많이 대화가 오간 기록은 그때 사마리아 여인과의 대화가 유일합니다. 그 대화 중에 여인이 이렇게 묻습니다. "우리 모든 사마리아 사람들이 고민하는 문제가 있습니다. 당신네 유대 사람들은 예배를 예루살렘 성전에서 드리지만 우리는 그곳에 갈 수가 없으니 그리심산에서 예배를 드리는데, 어디에서 예배를 드리는 것이 맞습니까?" 그것은 온 이스라엘 사람들, 또 특별히 사마리아 사람들이 가지고 있는 신앙의 첫 번째 문제였습니다.

'어디서 예배를 드려야 하는가?' 보통 사람들은 예수님이 그것에 대해 다음 세 가지로 대답하실 거라고 생각했습니다. 첫째는 '예루살렘에서 예배를 드려도 되고 그리심산에서 예배를 드려도 된다'는 것입니다. 둘째는 '46년이나 걸려서 지은 성전이 있으니 예루살렘에서 예배드리는 것이 맞다'는 것입니다. 마지막으로 '예루살렘에서 예배드리는 것도 맞지 않고 그리심산에서 예배드리는 것도 맞지 않다'고 하실 수도 있다는 것입니다.

하지만 예수님의 말씀은 세 번째 대답을 한 차원 높인 것이었습니다. "이제는 예배드릴 장소가 예루살렘이냐 그리심산이냐가 중요치 않다. 그건 이미 다 끝난 이야기고, 하나님은 영이시니 예배하는 자가 신령과 진정으로 예배할 때가 왔다"라고 대답하십니다.

우리는 보통 이 구절을 그냥 넘깁니다만, 여기에 아주 중요한 의미가 담겨 있습니다. 사람들이 예수님 오시기 전까지는 예배드릴 곳이 예루살렘이라느니 그리심산이라느니 하는 공간 문제에 연연했는데, 이제 예수님이 오신 다음부터는 그런 부차적인 문제에 얽매일 필요가 없어졌다는 것입니다. 이런 '공간신앙'에 빠질수록 신앙인으로서의 역사적인 사명을 잃어버리게 됩니다. 그리고 모든 것을 교리로 만들어서 그 교리의 옳고 그름을 다투는 데 빠지게 됩니다. 사실 천주교에서 드리는 미사에도 없어도 좋을 뻔한 절차가 너무 많다고 생각합니다. 다 공간신앙이 가진 관례적인 것들입니다.

공간에 얽매이지 않고
역사적 사명을 중시하는 신앙

공간에 얽매이는 현상을 어떻게 바꿔야 할까요? 예수님이 수가성의 여인에게 '이젠 때가 왔다'라고 말씀하신 것을 생각해보세요. 이제는 공간이 아니라 시간이 중요하다는 것인데, 그 말은 무슨 뜻이겠습니까? 신앙을 가짐에 있어서 역사를 염두에 두라는 것입니다. 역사적인 사명을 띤 신앙을 가지라는 뜻입니다.

다시 이어지는 대화를 보면, 이 여인이 상당히 종교적인 열성을 가진 사람임을 알 수 있습니다. 그 여인이 예수님의 말씀을 듣고 이어 말하길, "메시야 곧 그리스도라 하는 이가 오실 줄을 내가 아노니 그가 오시면 모든 것을 우리에게 알려주시리이다"라고 합니다. 그러니까 예수님이 뭐라고 하셨습니까? "네게 말하는 내가 그라." 말하자면, 때가 왔고 너와 지금 이야기하는 내가 그 역사의 주인공인 메시아라는 말씀입니다. 그 말에 이 여인이 너무 놀라 그만 말문이 막혔겠지요. 아무 말도 못하고 마을에 들어가서는, 사람들에게 "저기에 어떤 분이 와 계시는데 하나님이 보내신 분이니 와서 그분 말씀을 들으라"고 합니다.

제가 앞에서 세계적인 종교학자 엘리아데를 거론하면서 그가 종교를 크게 자연 질서에서 나온 종교와 역사에서 기인한 종교로 나누었다고 했습니다. 세상 모든 종교가 다 자연에서 나온 종교인데 유일하게 구약과 신약을 가진 기독교만은 역사의 종교로 보았다고 말씀드렸습니다. 예수님의 이 말씀이 바로 그것입니다. 산이니 예루살렘이니 하면서 공간, 즉 자연에 얽매이는 신앙에서 벗어나야 한다는 것입니다. 예수님께서 그렇게 말씀하셨는데도 불구하고 오늘날 그리스도인들은 대부분 공간신앙에 얽매여 있습니다. 예수님께서 그것은 올바른 신앙이 아니라고 했는데도 말입니다.

불교 이야기를 잠깐 하겠습니다. 불교에서는 스님이 세상을 떠난 뒤 사리가 나오면 그 사리를 모두 거두어 절을 짓고 그곳에 가서 경배를 하면 복을 받을 수 있다고 합니다. 사리가 없으면 갈 필요가 없다고 해서 굳이 가지 않습니다. 1966년 유명한 효봉스님이 세상을 떠나셨을 때 화장을 했는데 사리가 나왔어요. 그때 불교계에서 아주 크게 화제가 되었습니다. 당시 법학자이자 불교학자인 황산덕 교수가 이것은 '우리 불교의 기적'이라며, 효봉스님의 사리와 그의 위대함에 대해 〈동아일보〉에 칼럼을 썼습니다. 그러고는 며칠 있다가 같은 지면에 세브란스의 한 교수가 거기에 대해 반론을 펴며 다음과 같이 썼습니다. "효봉스님에게서 사리가 나온 것을 보고 기적이라고 하는데, 기적에 대해서 나는 잘 모르지만 의학적으로는 담석증 환자나 특수한 골격을 가진 사람을 화장하면 그런 물질이 나올 수 있다고 알고 있다. 따라서 과학적으로 보아 그 사리에 큰 의미가 있다고는 생각하지 않는다."

이것은 말하자면 과학과 종교 사이의 충돌 아닙니까? 그것을 보고 학생들이 저에게 "그 사리는 기적입니까, 아니면 무의미한 것입니까?" 하고 물었던 기억이 있습니다. 저는 "어떤 것이 기적인가 아닌가는 물을 필요가 없다. 눈에 보이는 어떤 물건이나 형식에 신앙을 두고 믿게 되면 그건 바른 신앙이 아니다"라고 대답해주었습니다.

예수님 말씀이 바로 그런 신앙은 올바르지 않다는 것입니다. 그런 신앙은 버려야 합니다. 이슬람교에서도 마찬가지 사례를 찾을 수 있습니다. 죽기 전에 한 번은 해야 구원받는다는 교리에 따라 교인들이 성지순례를 가는 것이나, 하루에 다섯 번씩 메카를 향해서 무릎 꿇고 기도드리는 것이 그런 예입니다. 그러나 우리 기독교는 그런 신앙이 아닙니다. 예수님 말씀에 따르면 그처럼 형식적인 신앙은 갖지 말아야 합니다.

성지에는
예수님이 계시지 않았다

요즘은 교회는 물론이고 어디서나 '성지순례'라는 말을 많이 씁니다. 저도 어려서 신앙생활을 했기 때문에 성지순례를 한번 해봤으면 좋겠다는 소원이 있었습니다. 그러다 1962년 여름에 그 뜻이 이루어져서 가게 되었습니다. 그런데 그곳에 예수님은 계시지 않았습니다. 아니, 계실 수가 없었습니다. 그곳에는 전부 돈벌이 하는 사람들, 물건 파는 장사꾼들뿐이었습니다. 아마 희랍 정교(그리스 정교회)에서 그곳을 관할하는 것으로 압니다만, 그 희랍 정교라는 것이 대부분 기복신앙 수준입니다.

예를 들어 나사로가 다시 살아난 예배당에 가서도 그곳을 안내하는 희랍 정교 목사님의 관심은 안내받은 사람이 팁을 얼마나 많이 주는가에만 있었습니다. 모든 곳이 다 그런 식이었어요. 한번은 동행하게 된 스페인 사람과 저녁을 먹고 같이 감람산에 올라갔는데, 어떤 사람이 헐레벌떡 뛰어오더니 성지순례 왔느냐고 묻고는 자기를 따라오면 예수님이 승천하실 때 밟았던 마지막 발자국을 볼 수 있다고 했습니다. 저는 그런 사람이 많다는 얘길 하도 들어서 안 가도 괜찮다고 했는데, 같이 있던 스페인 사람이 돈은 자기가 낼 테니 같이 가자고 해서 가보았더니 과연 실망스러웠습니다. 돌담을 쌓아놓고 기어들어간 다음 그 안에 또 울타리를 쳐놓은 곳 안쪽으로 들어가보니까, 바윗돌 위에 아주 큰 발자국이 보였습니다. 누가 봐도 그것은 예수님의 발자국이 아니었습니다. 예수님이 사람의 육신으로 오셨으니 발이 그렇게 컸을 리가 없지 않습니까? 장사 욕심이 그 정도로 심했습니다.

여행을 다 끝내고 갈릴리 바닷가에서 마지막 떠날 준비를 마치고는 마음이 너무 아파서 기도를 드렸습니다. "주님, 제가 어려서부터 성지에 오고 싶어 하다가 드디어 이렇게 왔습니다. 그러나 와보니 이곳은 주님의 뜻이 계시는 곳이 아니었습니다. 성지가 왜 이렇게 버림받았습니까. 제 마음이 너무나 괴롭고 아픕니다." 그때 제게 조용히 주님의 뜻이 느껴졌습니다. "너는 왜 여기 와서 나를 찾느냐. 나는 지금 네가 근무하는 학교에서 고민하는 젊은이들과 같이 있다. 치료받지 못해서 고통을 겪는 환자들 옆에 가 있다. 나는 세상에서 버림받고 희망을 잃어버린 사람들 옆에 있지, 이곳에 있지 않다. 그러니 이곳에서 나를 찾지 마라."

그 말씀을 듣고 나니까, 오랫동안 우리 교인들이 성지순례라는 공간신앙을 가지고 살았지만 그것은 올바른 신앙이 아니었구나 하는 깨달음이 왔습니다. 저는 거기 다녀온 다음부터는 성지에 갔었다고 하지 않고 예수님 고향 다녀왔다고 합니다. 누구에게나 있는 그 고향 말입니다. 여러분도 그곳에 가서 '예수님이 잠드셨던 데가 여기쯤일 것이다' '재판 받은 데는 여기쯤일 것이다' '여기가 제자들과 마지막 만찬을 나누신 마가의 다락방일 것이다' 상상하고 보면 곳곳에 정감이 들고 아주 가깝게 느껴질 것입니다.

성전은 교회라는 그릇을 싸는 보자기일 뿐

앞에서 말씀드렸듯이 우리 기독교를 제외한 세상의 모든 종교는 자연 종교이기 때문에 공간신앙을 가지고 있습니다. 그러나 우리 기독교는 공간신앙의 종교가 아니고, 예수님도 예배 장소에 얽매이지 말라고 하셨는데 불행하게도 자꾸 그것에 빠집니다. 심지어는 '주일에 버스를 타고 가면 죄인가 아닌가?'라는 이야기도 합니다. 제가 중학교 다닐 때 우리 목사님이 주일에 공부하면 죄라고 하셔서 토요일 밤 12시까지만 공부하고 또 주일 밤 12시가 넘으면 어머니한테 깨워달라고 해서 일어나 새벽까지 공부하다가 멀리 있는 학교에 가느라 얼마나 고생했는지 모릅니다. 그때는 그것이 제 신앙을 잘

간수하는 길인 줄 알았습니다. 예수님을 잘 섬기려면 주일에 공부를 안 해야 하는 줄 알았어요. 그런데 지금 생각해보면 교회가 저뿐만 아니라 얼마나 많은 사람을 왜 그런 식으로 괴롭혔을까 의문이 듭니다.

세월이 흘러 제 둘째아들이 중학교 다닐 때입니다. 그 애가 한번은 교회에 다녀오더니, "아버지, 주일에 공부하는 건 죄예요?" 하고 묻기에 왜 그러냐고 했더니 목사님이 주일은 꼭 쉬어야 한다고 했는데 공부하는 게 정말 잘못인지 알고 싶다고 대답합니다. 그래서 제가 "집에 오다 보니까 우리 감리교 감독님이 밭에서 일하고 계시더라. 감독님도 일하시는데 네가 공부하는 건 죄가 아니지"라고 말해줬습니다. 우리가 신앙을 가지면서 그런 부수적인 것에 너무 얽매여 있는 것을 봅니다. 안타깝게도 생각보다 많은 사람들이 그런 신앙에 젖어 있습니다.

우리의 공간신앙이 제일 뚜렷하게 나타나는 것은 예배당, 즉 성전에 대한 관념에서입니다. 사람은 집을 짓고 살아야 하지만, 집은 살기 위해서 만든 공간이지 삶의 목적은 아닙니다. 집이야 팔고 이사 가도 되고 헐고 다시 지어도 됩니다. 그런데

교회생활과 사회생활은 하나다

어리석게 사는 사람들이 있습니다. 큰 집 지어놓고서 집의 노예가 되는 사람들입니다. 그래서 한때 미국에서는 그것의 반대 현상으로 '가장 좋은 집은 가장 편하게 쉬면서도 가장 많은 일을 할 수 있는 최소한의 공간이다'라고 주장하는 '타이니하우스 운동'까지 일어났습니다.

그럼 성전이란 무엇일까요? 그것은 교회 공동체라는 그릇을 싸는 보자기일 뿐입니다. 요즘 물건을 사면 포장이 내용물보다 더 훌륭하지 않습니까. 뜯어보면 속은 별 것 없는데 포장만 좋은 것들이 많습니다. 바로 그런 포장지가 예배당입니다. 그럼 교회는 무엇이겠습니까? 그 보자기에 담긴 그릇이지요. 그릇은 왜 있습니까? 무엇을 담기 위해서지요. 그러니까 교회란 그리스도와 같이 사는 삶을 담아서 간직하는 그릇이고, 교회를 감쌀 외피가 있어야 하는데 그것이 바로 예배당입니다. 이처럼 예배당은 보자기에 지나지 않는데도 우리는 성전 중심의 신앙에 빠져 크고 멋진 교회 건물을 짓는 데 열을 올리고 있습니다. 그런 신앙에서 벗어나야 합니다.

교회생활과 사회생활은
하나지 둘이 아니다

우리는 '교회생활과 사회생활을 어떻게 균형 있게 할 것인 가?' 하는 문제로 고민을 많이 합니다. 그러나 그것은 전제부 터 잘못된 생각입니다. 왜냐하면 한 사람에게는 하나의 인생 이 있지 두 인생이 따로 있을 수 없기 때문입니다. 내 인생은 하나의 인생이지요. 교수로서의 인생인 동시에 아버지로서의 인생이고 또 교회 나가서는 그리스도인으로서의 인생입니다. 그것이 다 함께 모여 내가 되는 것이고 그런 나로 사는 거지 따로 분리해서 생각하면 바로 이중인격이 되는 것입니다. 그 래서인지 세상을 살다보면 종교인들은 다 이중인격이라는 생 각이 들기도 합니다. 불교도 그렇고, 우리 기독교도 그렇습니 다. 예를 들어 저만 해도 그렇습니다.

지금까지 살아온 것을 돌이켜보면, 설교를 맡을 때는 "어느 교회 가서 설교를 해야 하는데 주님께서 잘 이끌어주셔야 합 니다"라고 기도하지만, 강연을 갈 때는 기도를 하지 않았습니 다. 왜냐하면 강연은 제가 혼자 준비만 잘하면 그뿐이라고 생 각했기 때문입니다. 오랫동안 그렇게 살았습니다. 그러다 몇

번 경험을 하고 나니까 제가 잘못 생각해왔다는 것을 깨달았습니다. 설교도 주님께서 맡겨주신 것이고 강연도 주님께서 맡겨주신 것이니까요. 믿지 않는 사람들을 대상으로, 이를테면 교인 아닌 일반 사람들을 대상으로 하는 강연도 주님께서 부탁하신 것이고, 교회 가서 하는 설교도 주님께서 부탁하신 것인데, 그것을 구별했으니 그건 제 잘못이었습니다.

보통 '교회생활 따로, 사회생활 따로'라고 생각하는데, 그런 생각을 가지면 제일 불행해지는 사람은 설교하는 사람, 목사님들입니다. 목사님들은 교회 가서 설교할 때는 성경말씀을 바탕으로 좋은 이야기를 해야 하지만, 집에 돌아오면 또 보통사람처럼 살게 되거든요. 이런 괴리감을 평생 가지고 살아야 합니다. 그런데 과학자나 철학자는 그렇지 않습니다. 과학자는 자신이 연구한 결과 '이것이 아니고 저것이었구나' 깨달으면 그것에 따라 생각과 행동이 변화되지 자신의 깨달음과 현실 사이에 괴리를 겪지 않습니다. 그렇게 상반된 두 가지를 다 지니고 살지 않는다는 얘기지요. 그런데 나같이 설교하는 사람은 대부분 남한테 설교는 근사하게 해놓고 집에 돌아오면 자신이 말한 대로 지내지 않습니다.

제가 중학교 다닐 때 평양에서 제일 큰 장로교회인 서문
밖교회가 있었습니다. 그 교회에는 아주 존경받는 거룩한 성
품의 임종순 목사님이 계셨습니다. 그런데 누군가가 "임종순
목사님은 설교를 아주 잘하시는데 집에 돌아오면 사모님한
테 '설교는 그렇게 잘하면서 왜 집에 오면 이렇게 달라지십니
까?' 하는 말을 듣는다"고 했습니다. 같은 사람인데도 때와 장
소에 따라 행동이 그렇게 달라집니다. 하지만 예수님에게는
그런 불일치가 없었습니다.

한번은 우리나라에서 제일 유명한 불교학자인 이기영 교
수님과 얘기를 나누게 되었습니다. 앞에서도 말했지만, 그분
은 원래 천주교인으로 프랑스로 유학을 갔다가 뜻밖에 불교
로 개종한 사람입니다. 제가 그분께 어떻게 천주교에서 불교
로 개종하게 되었느냐고 물었습니다. 그분이 대답하길, "김
교수님이 저와 가까운 친구니까 하는 말인데, 예수님이 어떤
분인가 알아보니까 너무 인간적입니다. 화도 내고 욕도 하고
책망도 하고 헤롯을 욕할 때도 여우같은 놈이라고 하고 말이
죠. 그런데 석가님을 보면 화내는 일도 없고, 누구 욕하는 일
도 없고, 한 차원 높은 세계에 사는 사람 같아서 예수님하고

는 거리가 있다고 느꼈습니다."

그래서 제가 맞는 말이라고 했습니다. 다만, 저는 그 대신 석가님은 인간생활에 대해 책임을 지지 않으셨다고 말했습니다. 정치가 잘못돼도, 사회에 악이 넘쳐도 자신은 고고하게 저 높이 올라가 있으면 되거든요. 그러나 예수님은 석가님과 달리 세상의 모든 책임을 홀로 짊어지셨습니다. 악을 고쳐야 하고, 정의를 찾아야 한다는 책임을 지신 것이지요. '죄는 미워하되 사람은 미워하지 말라'는 말이 바로 그것을 의미합니다. 한 사람이 저지르는 죄악 때문에 몇백 명 몇천 명이 비참해지는 걸 보고는 그 악을 지적하실 수밖에 없어서 화도 내고 비판도 하신 것이라고요.

만약 제가 불교를 믿었다면 제 마음은 편할지 모르겠습니다. 그런데 내가 그리스도인이 됐기 때문에 정치가 이렇게 되는 것도 제 책임이고, 학생들이 불행해지는 것도 제 책임이라고 느낍니다. 즉 저 자신이 어떤 때는 교인으로 생활하고 어떤 때는 사회인으로 생활하지만 결국 생활은 하나일 수밖에 없다는 이야기입니다.

사회에서 살아갈 힘을 얻는 준비처

그러면 교회와 사회 중 어디에 더 비중을 두고 사느냐의 문제가 남습니다. 안식일의 뜻을 보면, 하루는 정신적 양식을 얻기 위해서 교회에서 보내고 나머지 엿새는 그 힘을 가지고 사회에 나와서 봉사한다는 것입니다. 그것이 구약 때부터 그리스도인들에게 주어진 공식입니다. 그런데 사람에 따라서는 교회에서 더 많은 시간을 보내는 사람도 있습니다. 목사님들도 그렇고, 제가 신학대학에 강의를 나가서 보면 신학교 학생들도 매일 예배를 드립니다. 그런데 신학교 학생들이 예배 보러 가면서 하나님도 좀 쉬셔야지 우리가 자꾸 기도하면 어떻게 쉬시겠냐는 우스갯소리를 하는 것을 들었습니다. 또 교회 열심히 나가는 분들은 교회에 오랜 시간을 바치다 보면 자신의 사회생활이 없어진다고 저에게 하소연하곤 합니다.

그러면 저는 예수님이 하신 걸 보면 해결방법은 아주 간단하다고 말해줍니다. 예수님은 수천 명이 모일 때 한두 시간 가르치신 다음에는 모였던 사람들을 돌아가게 하셨습니다. 무리가 "여기에 먹을 것도 있으니 여기 있자" 하며 집에 가려

하지 않았습니다. 또 가룻 유다 같은 이도 독립운동을 할 좋은 기회가 생긴 셈이니까 안 떠나려 했거든요.

그러나 예수님은 어떻게 하셨습니까? 제자들에게 "우리가 여기에 있으면 저들이 안 떠날 테니 너희들은 먼저 바다 건너서 저쪽으로 가라. 나는 산에 올라가서 기도하고 가겠다. 우리가 떠나면 이 사람들이 더 머물 수 없어 돌아갈 것이니 그렇게 보내자" 하셨습니다. 예수님 말씀이 무슨 뜻이겠습니까? '와서 내 이야기 들었으면 농사짓던 사람은 새 사람이 되어서 농사짓고 공무원이 된 사람은 내가 가르쳐준 마음을 가지고 가서 공무를 보고, 가르치는 사람은 나와 더불어 있었던 그 진리를 마음에 새기고 가서 가르칠 시간'이라는 얘기입니다. '이곳은 너희들의 사회생활을 위한 준비처다. 사회생활을 위해서 얻을 것은 다 여기서 얻되 일은 돌아가서 해라'라는 말씀이지요. 저 역시 하루는 신앙적이고 정신적인 교양을 위해서 교회에 와서 지내고 나머지 엿새는 그 뜻을 가지고 사회에 나가서 일하는 것이 그리스도인들에게는 가장 바람직한 생활이라고 생각합니다.

그럼 교회는 무엇을 어떻게 해야 합니까? 교회의 역할은 예배 시간을 통해서 예수님의 말씀으로 사회를 바꿀 수 있는 진리를 전해주는 것입니다. 교회는 믿는 사람들이 모이는 곳이기 때문에 제일 소중한 곳입니다. 그 소중한 곳에서 사회에 봉사하고 도움을 줄 만한 것을 체험하고, 깨닫고, 느끼는 기회를 갖는 것이지요. 그런 다음에는 각자의 처소로 돌아가 그것을 생활 속에서 실천하는 것이 올바른 신앙인의 삶이 아닐까요? 그에 대해 한번 생각해보면 예수님의 뜻을 깨닫게 되리라고 확신합니다.

마지막으로 그리스도인이 가져야 할 거룩함이란 무엇일까요? 사회생활에서의 거룩함이란 높은 가치의 종교적인 의미여야 한다고 생각합니다. 그렇다면 교회 밖의 사람에게는 거룩한 가치가 없을까요? 혹은 생활 속에서 죄 없는 거룩함에 얼마만큼 다가갈 수 있을까요? 그리스도인이 거룩함과 관련해서 가장 불행해지는 길은, '나는 교회에 나가고 신앙생활을 하기 때문에 거룩해졌을 것이다'라고 믿는 믿음입니다. 그것은 잘못된 믿음입니다. 그런 거룩함은 누구에게도 없습니다. 그 대신 내 욕심을 채우려는 속된 가치, 소유가 목적이라는 생각에서 벗어나 좀 더 고귀한 가치를 찾고 다른 사람이 인정

해줄 만한 거룩함을 좇는 것이라고 생각합니다.

　이를테면 누가 저에게 "당신은 교회도 다니고 신앙생활도 많이 했으니 거룩해졌습니까?"라고 물으면 저는 그렇지 않다고 대답합니다. 조금씩 거룩해지기 위해 노력은 하지만 인간인 이상 거룩하지는 못하고, 다만 거룩함을 향해서 갈 뿐이라고 말입니다. 그 거룩함이란 진실함, 아름다움, 사랑, 정의로움, 봉사 등을 아우르는 것이지 특별한 거룩함이라는 것은 없습니다. 산에 비유하자면 능선 중에 좀 높이 올라간 부분이 거룩함이지 구름 위에 우뚝 솟아 있어야 거룩한 것은 아니라는 의미입니다. 다만 저는 제 인생에서 가장 고귀한 신앙적인 가치, 거기까지는 올라가보려고 애쓰고 있을 뿐입니다.

　저는 교황 요한 바오로 2세를 무척 존경합니다. 세상 사람들이 이르기를, 공산주의 소련을 무너뜨린 두 사람이 있는데, 한 사람은 미국 레이건 대통령이고 다른 한 사람은 가톨릭의 요한 바오로 2세였다고 합니다. 요한 바오로 2세는 과거에 공산주의였던 폴란드 출신으로, 폐쇄적인 공산주의 사회를 향해 계속해서 자유의 고귀함을 보여주셨습니다. 그분이 우리에게 보여준 뜻은 '나는 행복했습니다. 여러분도 행복하십시오'라고 합니다. 그 정신이 무엇을 의미할까요? '나는 비록 부족했지만, 주님 뜻대로 내 생애를 끝내니 나는 복 받은 사람입니다. 여러분도 행복하십시오.' 그런 뜻이 아니겠습니까?

또 알베르트 슈바이처 박사가 세상 떠나기 얼마 전에 프랑스의 친구에게 보낸 편지에도 그런 내용이 담겨 있습니다. "나는 이제 나이가 많아 나에게 맡겨진 일을 더 이상 할 수 없게 됐습니다. 혹시 당신이 미처 이 편지를 받아보기 전에 내가 세상을 떠났다는 소식이 전해질지 모릅니다. 만약 그렇게 되었더라도 나를 위해서 기뻐해주십시오. 나는 30세에 시작해서 60년 동안 불행한 환자들을 위해 끝까지 봉사할 수 있게 해주신 주님께 감사드립니다. 나는 참 행복했습니다." 그 친구가 슈바이처 박사는 이런 삶을 사셨다며 그 편지를 세상에 발표했습니다.

거룩함은 그런 삶 이상의 것이 아닙니다. 우리는 거룩함이라고 하면 그 이상의 것을 기대하곤 하지만, 거룩함은 우리의 손이 닿지 않는 저 높은 곳에 있는 것이 아니라는 말입니다. 그것을 명심하길 바랍니다.

교회생활과 사회생활은 하나다

6강 ::

그리스도인의
사회 참여는 마땅하다

경건과 성실로

인생의 모범을 보인 신앙인들

저는 평양에 있던 숭실중고등학교에서 학창시절을 보냈는데 윤동주 시인과는 중학교 3학년 때까지 같이 한반에서 공부한 사이였습니다. 그분은 일찍부터 시문학에 관심과 조예가 상당히 깊어 보였습니다. 학교에 좀 늦게 입학해서 나이가 나보다 3년 위니까 좀 철도 먼저 들었었겠죠.

지금 기억에 남는 건 당시 윤동주 시인하고 황순원 작가가 같이 만든 교내 잡지 《숭실활천(崇實活泉)》입니다. 황순원 작가가 상급반이었는데 나이는 아마 윤동주 시인하고 비슷했을 것입니다. 그 두 분이 잡지를 편집하고 활동하는 것을 보면서 철이 좀 덜 들어서였는지 나도 언젠가 저렇게 해봤으면 좋겠

그리스도인의 사회 참여는 마땅하다

다고 무척 부러워했던 기억이 있습니다.

3학년에 올라갔을 때 당시 기독교 학교인 우리 학교가 신사 참배를 안 했다는 이유로 폐교조치가 내려졌습니다. 당시 미국인 선교사였던 교장 대신 신사 참배에 협조하는 교장으로 바뀌고 학교도 기독교 학교에서 보통학교로 격하시켜 수난을 겪었지요. 3학년을 끝내고 4학년으로 올라갈 때 윤동주 시인에게 앞으로 어떻게 할 것인지 물었더니 자신은 신사 참배하는 학교에 다닐 수 없다고 하면서 만주에 있는 용정으로 도로 가겠다고 대답했습니다. 결국 용정중고등학교로 갔고 나 역시 신사 참배는 하지 않겠다고 마음먹고 학교를 자퇴했습니다. 그것을 거부하는 방법은 그 길밖에 없었거든요. 철은 없었지만 신앙을 지켜야겠다는 생각에 자퇴해서 1년 쉬었고, 그렇게 해서 서로 헤어졌습니다.

얼마 있다가 그분은 용정학교를 졸업하고 연희전문학교에 와서 공부했고 나는 일본으로 건너가서 대학을 다녔습니다. 그후로 서로 만나지는 못했어도 소식은 전해 들었습니다. 한참 뒤 모교에서 후배들에게 주는, 우리 세 사람의 이름을 딴 문학상이 생겼습니다. 윤동주 시인을 기념하는 시상, 황순원 소설상, 나도 수필을 많이 썼다고 해서 수필상이 제정되었지요. 많은 학생들 가운데 우리 셋이 비슷한 활동을 했고 우리 셋 다 그리스도인인데 이상하게도 신앙의 성격은 조금씩 달랐던 것 같습니다.

황순원 선생은 작가답게 기독교 인생관을 아주 굳건히 지키는 분이었습니다. 예를 들면 예술가라면 한 번쯤은 수상 욕심을 내는 상이 있어요. 대한민국예술원상인데, 그 상을 받으면 예술가로서는 가장 큰 영광이었지요. 그런데 황순원 작가는 그 상의 수상을 거부했습니다. 거부한 이유가 상을 주는 예술원 원장이 인격이 모자라는 사람이어서라고 했답니다. 그런 사람이 주는 상은 안 받겠다고 거부한 것이죠. 얼마나 올곧은 성격이었는지 모릅니다. 그분은 신앙인으로도 엄격한 면이 있었어요. 윤동주 시인은 정말 흠 없이 곱게 살아가는 성격이었습니다. 나는 철학자로서 신앙의 올바른 길이 무엇인가 하는 문제로 고민하고 지금도 끊임없이 그것을 찾아가는 중이고요. 세 사람이 저마다 색다른 성격을 가지고 있지만, 그래도 그리스도라고 하는 한 뿌리에서 자라난 세 개의 가지로서 신앙심은 비슷했던 것 같습니다.

그리스도인의 사회 참여는 마땅하다

사회생활을 하다보면 교회 안의 그리스도인들보다 교회 바깥의 사회 친구들이나 동료들 중에 뜻있는 사람들이 더 많다는 생각이 들기도 합니다. 우리가 생각하는 것보다 그들이 훨씬 앞서 있고 성실하고 모범적이라고 느낄 때가 많습니다.

철학과 선배 교수 가운데 서울대학교의 박종홍 교수가 계신데, 한번은 지방 강연을 같이 떠났다가 대구에서 강연을 끝내고 부산으로 가는 기차에서 옆자리에 앉게 되었습니다. 함께 대화를 나누다가 그분이 저에게 "김 선생은 아직 젊으니까 하룻밤이나 이틀 밤쯤은 자지 않고 공부해도 별로 지장이 없죠?" 하고 물었어요. 제가 "잠자는 시간은 잘 지킵니다. 그 대신 짤막짤막한 자투리 시간을 많이 이용하는 편입니다"라고 대답했더니 얼마 전에 있었던 일을 애기해주었습니다.

"내가 논문을 하나 정리하고 싶어서 토요일 밤도 새고 일요일 밤도 안 자고 꼬박 새고는 월요일 아침에 작업이 끝났어요. 아침식사를 한 뒤 학교에 가야겠다고 가방을 들고 나가다가 그만 대문에서 졸도했어요. 이제 60이 넘으니까 몸이 말을 듣지 않아요. 전에는 밤에 잠 안 자고 공부해도 끄떡없었는데…. 그래서 이제는 어찌 됐든 잠은 자야겠다는 생각을 했어요."

그분이 그렇게 밤을 새가며 공부하는 것이 돈을 더 벌려는 것도 아니고 명예를 더 높이려는 것도 아니라는 것은 누구나 압니다. 나는 그분의 얘길 들으면서, 오로지 학자답게 살고 싶고 진리를 찾고 싶은 그분의 열정과 교수다운 성실함에 존경심이 느껴졌습니다.

또 한번은 고려대학 철학과의 김경탁 교수님과 차를 타고 가는 길에 얘기를 나눈 적이 있습니다. 그분이 "김 선생은 나처럼 후회스럽지 않을 것 같아요"라는 말을 하기에 "무슨 후회스러운 일이 있으세요?" 하고 물었더니 이렇게 대답했습니다. "이제 3년 있으면 정년퇴직을 하는데 저서라고 남겨봤댓자 이다음에 제자들이 '우리 교수님이 이런 걸 책이라고 내놨나, 그때 이 수준밖에 안 됐나'라고 말할 것 같고, 또 논문을 썼다 해도 후배들이 '야 그땐 이런 것도 논문으로 통과됐구나'라고 말할 것 같아요. 아무리 노력해도 부끄러운 것밖에 남은 게 없어요. 그래서 자꾸 초조해지는데 생각해보니까 이젠 모범을 보일 만한 것, 제자들한테 부끄럽지 않은 것 하나가 남았더라고요." 제가 그게 뭐냐고 물었더니 "죽을 때까지 공부하다 책상에 엎드려 죽으면 이다음에 제자들이 '우리 선생님은 공부하다가 세상 떠났다'고 할 거 아니겠어요?" 하고 대답하더군요.

그처럼 학문에 대한 열정이 뜨겁고 성실한 분들이 우리 교회 안에도 좀 많이 있었으면 좋겠습니다. 물론 그런 분이 없지 않겠지만 오히려 바깥 사회에 더 많지 않나 하는 생각이 들었습니다. 또 우려되는 점은 우리 그리스도인들이 사회 참여를 하면서 사회에 있는 사람들은 나만 못하다든지 그리스도인인 내가 그들보다 좀 낫다는 우월감을 갖는 것입니다. 사회에 더 좋은 분들이 많다는 것을 염두에 뒀으면 합니다.

안병욱 선생과 서울대학 철학과의 김태길 선생 두 분을 친구로 삼고 사는 동안 인품과 학자다움, 성실함 모든 면에서 그분들에게 정말 많이 배웠습니다. 그런 분들 덕분에 내가 오늘날 이만큼 자랐다고 생각하는데, 묘하게도 당시 그분들이 그리스도인은 아니었습니다. 인촌 김성수 선생, 김태길 선생, 안병욱 선생이 모두 비그리스도인이었습니다.

더 신기한 건 정말 존경스런 인품을 가졌던 그분들이 말년에는 다 그리스도인이 됐다는 것입니다. 김태길 선생과는 가깝게 지내면서도 그분이 교회에서 세례를 받고 그리스도인이 되지는 않을 분이라고 생각했는데 문상을 가보니까 뜻밖에도 십자가 아래 '성도 김태길'이라고 씌어진 위패가 놓여 있었습니다. 유족에게 물어봤더니 20여 년 동안 심경의 변화를 느끼고 5, 6년 전부터는 자기 자신이 그리스도인이란 사실을 인정했다고 말해주었습니다. 그리고 세상 떠나기 전에 정식으로 그리스도인이 되는 절차를 밟아야겠다고 해서 안수받고 세례받고 그리스도인이 됐다는 설명을 들었습니다. 도산 안창호 선생님도 마찬가지고요.

결국 애국심이 강하고 성실하게 살았던 분들은 다 그리스도인이 되고 신앙으로 돌아간다는 것을 알게 되었습니다. 제가 미리 말씀해두고 싶은 것은 '나는 그리스도인이기 때문에, 나는 목사이기 때문에, 나는 교인이기 때문에 세상 사람들보다는 낫다, 그들보다 앞섰다'는 생각은 잘못된 생각이라는 점입니다. 세상 사람들 가운데 존경할 분들이 많다는 것을 나 자신이 직접 체험하고 느꼈기 때문입니다.

경제적 사회 참여

그렇다면 그리스도인은 어떻게 사회 참여를 해야 할까요? 그리스도인과 그리스도인이 아닌 사람들을 갈라놓고서는 사회 참여가 불가능합니다. 세상의 소금이 되려면 어떻게 해야 합니까? 음식과 하나가 되어야 소금의 역할을 할 수 있지 따로 동떨어져서는 할 수가 없습니다. 누룩도 밀가루와 함께 있어야 제 역할을 하지 혼자서는 안 됩니다. 세상의 빛이 되려면 어둠과 함께 있어야 그 어둠을 밝힐 수 있는 것이지요. 우리 그리스도인들이 사회 참여를 할 때 사회를 떠나서는 불가능하다는 얘기입니다. 다만, 일을 할 때 우리의 목적과 방법이 예수님의 뜻에 맞아야 한다는 것을 사회에 알리는 것이 우리의 사명이 되어야 합니다.

현재 그리스도인들이 교육, 정치, 경제 등 사회 여러 분야에서 참여하고 있는데, 그중에서도 특히 우리 기독교와 많은 공통점을 가지는 것이 경제 분야입니다. 경제적인 사회 참여를 어떻게 해야 할까요? 일을 사랑할 줄 모르는 사람은 보람 있는 인생을 살지 못합니다. 일을 사랑하는 세상 사람들이 일을 기피하고 놀기만 하려는 그리스도인보다 하나님의 뜻에서 볼 때 더 나을 수도 있습니다. 예수님의 뜻은 성실하게 일하는 사람에게 있지 일하기 싫어하고 게으른 사람은 주님이 기뻐하시는 사람이 아닙니다. 일을 사랑할 줄 알아야 합니다.

한번은 우리도 정말 일을 사랑하는 민족으로 한 단계 올라가지 않으면 안 되겠다는 것을 느낀 적이 있습니다. 내 나이 40일 때 미국에 가서 살아보니까 미국은 온 국민이 열심히 일해서 창출한 가치를 타인과 나누어 가지는 사회, 일의 가치를 공유하는 사회라는 것을 알게 되었습니다. 겉으로는 기독교 사회라고 내세우지 않지만, 사회 전반에서 그런 분위기를 느낄 수 있었습니다. 이 사회가 중시하는 가치, 즉 열심히 일해서 다른 사람과 더불어 행복하게 살 수 있는 사회를 만든다는 사고방식은 바로 기독교적 경제관과 동일한 것입니다. 내 생각에 그 당시 미국 경제가 일본보다 100년 앞서고 일본 경제가 우리보다 또 100년 앞섰다고 할 수 있는데, 우리가 그 단계에 올라가려고 하면 참 막막하다는 생각도 들고 걱정스럽기도 했습니다.

그리스도인의 사회 참여는 마땅하다

그렇다면 개인적으로는 어떤 경제관념을 가지고 살아야할까요? 내가 그동안 살아온 인생을 되돌아보면 개인의 경제관도 그런 식으로 변해야 한다는 것을 깨닫게 됩니다. 남들은 내가 연세대학교 교수로 갔으니까 경제적으로 어려움을 겪지 않았을 거라고 생각하겠지만, 사실은 셋방 구할 돈도 없을만큼 경제적 곤란을 겪기도 했습니다. 그때 여섯 명의 자식들에다, 전쟁 때 북쪽에서 내려온 동생들 뒷바라지까지 도맡아야 했기 때문에 연세대학교에 가서도 몇 해 동안 경제적으로무척 힘들었습니다. 하여튼 우리 애들이 자기들끼리 의논해서 아버지 너무 고생하시니 멀어도 버스 타지 말고 걸어다니자고 할 정도였으니까요. 그러니까 그때 내 안에 생긴 경제관은 '그저 돈을 벌어야 한다. 벌지 않으면 안 된다'라는 것이었습니다.

그런데 한번은 그런 생각을 바꾸는 계기가 있었습니다. 대구에서 제자가 찾아와서는 중고등학교 선생님 600명 정도가일 년에 한 번씩 모이는데 그분들을 상대로 기념 강연을 하는 자리에 강사로 와달라고 부탁했습니다. 교장회의에서 나를 강사로 초청하기로 결정했다고 하면서. 당시 그 제자가 어느 중고등학교 교감이었는데, 나를 섭외하는 책임을 맡았던 모양입니다. 그래서 대구에서 서울까지 나를 만나러 왔던 것입니다. 그런데 마침 그날 삼성그룹 강연회 일정이 잡혀 있었습니다. 내가 제자에게 나를 찾아와줘서 고맙긴 한데 토요일 오후에 강연회 선약이 있어서 대구에는 못 가겠다고 대답했습니다. 삼성그룹 강연회에 가면 왕복 교통비 주죠, 강사료도 많이 주죠, 시간도 많이 안 뺏기거든요. 그런데 대구에 가면 기차 타야 하니 하루 보내야죠, 강사료는 삼성의 3분의 1밖에 안 되죠. 그러니까 내가 삼성그룹 강의를 가야 한다고 생각한 것이 당연했겠지요.

몹시 실망한 제자에게 다른 강사님을 소개해주면 어떨까 하고 물었더니 그건 교장회의에서 결정한 거라 자기 책임 소관이 아니라면서 "저야 빈손으로 내려가야죠"라고 말하는데 제 마음이 편치 않았습니다. 은사라고 믿고 왔는데 거절당한 것이나 마찬가지이니 안타까운 마음이 들었습니다. 생각다 못해 조금 기다려보라고 하고 삼성그룹에 연락해서 사정을 얘기했더니 걱정하지 말고 다녀오시라며 여기서 시간을 바꾸면 된다고 대답해줬습니다.

토요일 아침 일찍 대구에 갔다가 저녁 늦게 서울역에 내려서 버스를 타고 집에 오면서 가만 생각해보니까 나의 경제적 가치관이 잘못돼 있다는 생각이 들었습니다. 그날 고생스럽게 대구에 갔다오긴 했지만, '왜 일을 하는가?'라고 물으면 돈을 벌기 위해서라고 대답하는 것이 당연하다고 생각해왔는데, 이렇게 사는 것은 교수답지도, 지성인답지도 못하고 특히 신앙인답지는 더 못하다고 반성이 되었습니다. 그 일을 계기로 앞으로는 어느 쪽이 수입이 더 많은가보다는 무슨 일이 더 소중한가, 무슨 일이 더 가치 있는가로 생각을 바꿔야겠다고 마음먹었습니다.

가치관을 그렇게 바꿔놓고 보니까 '그동안 교회에서 목사님 설교 들으며 스스로 신앙인이라고 자위했는데, 부끄럽지만 이제 와서 철이 드는구나' 하는 생각과 더불어 마음이 편안해지고, 내 삶의 가치도 올라가는 느낌이 들었습니다.

그 뒤 또 세월이 흘러서 이제 80이 넘고 보니 가치관이 또 달라졌습니다. 이제는 내가 가서 돕지 않으면 안 될 일이면 무조건 가야 한다는 생각으로 바뀌었습니다. '왜 일을 하느냐?' 라고 다시 물으면 이제는 그 일이 '내가 할 수 있는 가장 소중한 봉사'이기 때문이라는 마음을 갖게 되었습니다. 늦은 감이 있지만 그렇게 마음을 작정하고 보니까 주님께서도 그렇게 하길 원하셨고 그리스도인이라면 그렇게 사는 것이 자연스러운데 그동안 그것을 몰랐구나 하고 깨닫게 되었습니다. 그렇게 보면 사회적으로 경제관이 높아지는 것과 개인적으로 경제관이 높아지는 것이 매한가지이고, 그 높아진 위치를 따져 보면 예수님께서 우리에게 원한 경제적 가치관인 것을 알 수 있습니다. 기업가도, 국가 지도자도 그런 생각을 가지고 살아가야 합니다.

1962년 봄학기에 하버드 대학에 가서 한 학기 동안 공부할 기회가 있었는데, 그 학교에 미국의 유명한 신학자인 라인홀드 니버(Reinhold Niebuhr)가 와 있었습니다. 그분의 강의를 들어보니 이런 내용이었습니다. "여러분의 선조와 선배들이 자본주의를 잘 이끌어온 덕분에 우리 아메리카가 오늘날 세계에서 제일 부자나라가 됐다. 하지만 여러분이 선조와 선배들로부터 물려받은 부를 누리며 우리끼리 즐겁고 행복하게 살자고 생각하면 아메리카는 희망이 없다. 그럼 어떻게 해야 하는가? 물려받은 부를 세계 모든 가난한 나라에 나눠주고 그들을 도와주어야 한다. 그래서 가난한 나라들이 다 잘살게 되면 아메리카는 자연스럽게 더욱 강국으로 성장해 세계를 이끌어가는 나라가 되고, 부의 가치를 아는 나라가 될 것이다. 따라서 이런 혜택을 누리기만 하는 젊은이가 되지 말고 가난한 나라에 나눠주어서 더 높은 이상을 실현하는 젊은이가 되기를 바란다."

그 강의를 들으면서 미국에 저런 기독교 정신을 물려주는 지도자가 있다는 것이 새삼 부러웠습니다. 사실 미국도 처음에는 자본주의의 본거지로서 소유하는 것을 목적으로 삼고 살았습니다. 그러다가 사회주의의 영향을 받고 공산주의에 의해 타격도 받으면서 국가의 정책을 끊임없이 개선해서 복지국가의 기틀을 잡았습니다. 지금 미국의 자본주의는 시장경제의 소유 체제에서 기여 체제로 변했다고 할 수 있습니다. 많은 부를 어떻게 사회에 골고루 나눠주느냐 하는 문제가 중시되고 있는 것입니다.

사회의 문화 수준을 높이는

교회의 역할

정치가는 정치를 통해서 사회에 봉사하고 학자는 학문을 통해서 사회에 봉사하고 기업인은 기업을 통해서 사회에 봉사하는 것이 기여 체제입니다. 그것이 바로 기독교 정신입니다. 사회 참여라는 것을 어렵게 생각할 필요가 없습니다. 예수님도 돌로 떡을 만들라는 마귀의 시험을 물리치면서 뭐라고 하셨나요? "사람이 떡으로만 살 것이 아니요 하나님의 입으로부터 나오는 모든 말씀으로 살 것이라"(마 4:4)라고 하셨습니다. 우리 생활을 하나님의 말씀으로 무장하면 된다는 의미입니다. 그런 가치관을 상실하게 되면 결국 인간은 소유의 노예로 타락하게 되는 것이지요. 하나님이 말씀하신 나누고 공유하는 경제관보다 더 좋은 경제관, 그보다 더 나은 기업 정신이 있을까요? 결국은 사회가 그 방향으로 가야 합니다. 그런 맥락에서 사회 참여를 이해했으면 좋겠습니다.

그러려면 교회 지도자들이 기부나 공헌을 통해 사회에 뭔가를 줘야 합니다. 한국전쟁 때 몇십 명의 고아들을 위해 고아원을 세운 것은 예수님의 뜻대로 했던 큰일이라 생각하는 반면, 기업을 많이 키워서 실업자가 없는 사회를 만드는 것이 중요하다는 생각은 못하는 경향이 있습니다. 그런 생각들을 정책화하는 데 기여하는 것도 사회 참여의 한 방법입니다.

우리 기독교에 닥친 가장 걱정스러운 문제는 앞에서도 얘기했지만, '왜 교회를 떠나는가?'입니다. 유럽 교회를 가보면 다 문 닫을 지경이 되었습니다. 네덜란드 암스테르담의 대표적인 프로테스탄트 교회인 암스테르담 남교회는 벌써 수년전에 문을 닫고 교회 건물을 개조해서 도서관이나 문화시설로 만들고 말았습니다. 왜 그렇게 되었을까요? 사람들이 교회에 안 오기 때문입니다. 왜 교회가 이렇게 버림받는가 하는 문제를 고민해볼 필요가 있습니다. 교회는 성장하지 않는데, 교회 밖의 사회는 자꾸 성장하니까 교육수준이 높은 사람들은 교회에 가지 않습니다. 기독교 정신이 없어서 그런 것이 아니라, 저렇게 수준이 낮은 교회에 애들을 보내면 배울 것이 없다는 분위기가 형성되어 있기 때문입니다. 지금 유럽의 기독교는 그 정도입니다.

우리도 그런 상황이 되기 전에 교회 지도자들과 교인들이 교회의 문화 참여라고 할까요, 문화의 수준을 높이는 데 힘써야 합니다. 그런데 문제는 지금 오히려 거꾸로 가고 있다는 것입니다. 교회 장로이자 정치사회학자이고 정치가로서도 활동하신 서울대학의 한완상 교수가 오래전에 쓴 논문이 있는데, 교인의 의식구조 조사에 대한 내용이었습니다. 그 논문의 주된 내용은, 해방되기 전까지 교인의 의식수준이 사회의 일반인들보다 높았지만, 지금은 교인의 70퍼센트가 그들보다 뒤떨어졌다는 것이었습니다. 과거에는 교회가 국가와 사회를 위해서 많은 활동을 하고 일반인들을 교육시키는 데도 중요한 역할을 했는데 이제 사회의 의식수준이 점점 높아지는데도 교인들은 그저 현 수준의 교회에 만족한 채, 교인이 많이 모이는 것, 헌금 많이 걷히는 것만 중시하니까 성장을 못했다고 지적했습니다. 예를 들면 지금은 교회가 인재를 키워주지 못하니까 교회에서 훌륭한 인물이 배출되지 못하고 있습니다.

한완상 교수가 내린 결론은, 비록 많은 사람이 모일지언정 이제 교회가 사회에 기여하는 역할은 끝났다는 것입니다. 여기서 우리가 명심해야 할 것은 교회 자체의 성장도 중요하지만 그보다 더 중요한 것은 교회와 교인들의 교육수준을 끌어올리고, 가치관을 높이고, 넓은 의미에서 문화에 참여하는 그리스도인들의 수가 세상 사람들보다 많아야 한다는 것입니다.

최고의 사회 참여는
사랑을 베푸는 것

내가 그런 걱정을 하는 이유는 세계 역사를 보면 답이 나오기 때문입니다. 서양사에서 르네상스와 종교개혁 때부터 근대사가 시작되는데 그때 세계를 이끌어간 나라는 이탈리아, 스페인, 포르투갈이었습니다. 한때 스페인은 전 세계를 제패했습니다. 하지만 그 양상이 바뀌었죠. 세계적으로 앞섰던 그 세 나라가 더 이상 성장하지 못한 채 정체된 틈을 타서 그 뒤를 따르던 영국, 프랑스, 독일이 세계를 문화적으로 이끌어가게 되었습니다. 그다음엔 러시아가 패권을 쥘 것이라고 예상했는데 러시아가 공산주의 사회가 되면서 100년을 잃어버렸습니다. 북한도 공산주의 사회가 되어 100년을 잃어버렸지요. 영국, 프랑스, 독일에 이어 그다음엔 미국이 전 세계를 지배하게 되었고, 아시아에서는 일본이 부상하기 시작했습니다. 지난 20세기에는 그 다섯 나라가 문화적으로 세계를 이끌어갔다고 할 수 있습니다.

그럼 이 다섯 나라는 어떤 나라인가요? 적어도 100년 이상 온 국민이 책을 읽은 나라입니다. 우린 그것을 아무것도 아닌 것으로 생각하지만, 이탈리아도, 스페인도, 포르투갈도 국가적으로 교육과 문화수준을 높이지는 못했습니다. 스페인 작가 중에 우리가 아는 사람은 《돈키호테》를 쓴 세르반테스밖에 없지만, 영국, 독일, 프랑스에서는 세계적 작가들이 몇십 명씩 배출되었습니다.

그런 의미에서 그리스도인이 사회에 기여하는 것은 사회에 정신적 가치를 제공하고 그 가치를 높이는 것이라고 할 수 있습니다. 우리 그리스도인들이 더 많이 독서하고 더 많이 공부해서 한국 문화의 기초를 닦아야 합니다. 거기서 욕심을 좀 낸다면 그리스도인 중에 한국에서 노벨문학상을 받는 작가가 나오고, 자연과학 분야의 노벨상을 받는 학자가 나와야 합니다. 그런데 지금 우리는 얼마나 책을 읽고 있나요? 그런 점들을 점검해볼 필요가 있습니다. 다시 말하지만, 교회의 사회 참여에서 가장 중요한 것 하나가 문화적 가치를 올려주는 것이라는 점을 명심하길 바랍니다.

사실 교회의 정치 참여도 거론되긴 하지만, 제가 지금 강조하는 것은 경제와 문화적인 참여로, 이 일을 소홀히 하면 우리 세계적으로 수준 높은 나라가 되지 못합니다. 아프리카에 가보면 책 읽는 사람이 없습니다. 남미도 책 읽는 사회가 아니에요. 동남아시아도 마찬가지입니다. 국민들이 책 좀 읽는다 하는 나라는 일본이 있고, 그 뒤로 우리나라와 중국 정도밖에 없습니다.

우리가 해야 하는 것은 앞선 문화와 가치관을 사회에 제시함으로써 사회를 변화시키는 운동이지 교회 크게 짓고 많이 모이고 우리끼리 예배 드리고 만족하는 것이 아닙니다. 그것이 사회 참여는 아니잖습니까?

그런 점에서 우리 그리스도인들이 할 일이 너무 많은데 안타깝게도 지금 그것을 못하고 있는 실정입니다. 그 이유가 뭘까 생각해봤더니 옛날보다 국가와 민족을 사랑하고 걱정하는 마음이 옅어졌기 때문이 아닐까 싶습니다. 옛날에는 그리스도인이면 누구나 그런 마음을 가지고 있어서 그리스도인 중에 독립운동가도 나오고 훌륭한 교육자도 나왔잖습니까? 우리 교회가 그렇게 사회에 도움을 줬는데 그런 마음이 약해지면서부터는 그런 역할을 하지 못하고 있습니다.

그래서 우리 젊은 그리스도인들이 기독교 정신이 무엇인가 하는 주제와 관련해서 이런 문제를 깊이 고민해봤으면 좋겠습니다. 기독교의 문화 수준이 올라간 만큼 전도도 그 수준에서 이루어진다고 생각해요. 문화 수준이 낮으면 아무리 전도해도 기독교가 샤머니즘, 기복신앙에 머물 수밖에 없어요. 앞으로는 우리가 문화 수준의 토대를 키워주는 일을 해야 하지 않을까, 우리가 너무 안일하게 있지는 않은가 하는 생각을 해봅니다. 그런 얘기를 하고나면 저 자신이 좀 죄스럽기도 하고 부끄럽기도 하고, '내가 죄인이다' 하는 생각도 듭니다.

후진국은 정치 지도자들의 의식이 낮은 수준에 머무니까 정치도 발전하지 못하는 것이거든요. 마찬가지로 교회가 사회를 이끌어가는 책임을 지려면 먼저 기독교 지도자들의 의식 수준이 올라가야 합니다.

그런 점에서 저는 그 책임의 첫째는 지도자에게 있다고 봅니다. 그다음 둘째는 평신도들에게 있는데, 스스로를 그리스도인이라고 내세우는 사람보다는 기독교 정신을 가지고 사회와 역사를 바라보는 평신도들이 많이 나왔으면 좋겠습니다. 평신도들 중에 목사 같은 정치가가 나오고, 목사 같은 작가도 나와서 우리 사회를 이끌어가는 일을 맡아야 한다는 얘기입니다.

저 역시 목사도 아니고 신학자도 아닌 평신도 가운데 하나인데 저보다 더 큰일을 하는 그리스도인들이 많이 나오면 정치계나 사회 전반에 변화가 올 것이라고 기대해봅니다.

그리스도인들의 정치 참여 문제는 더 깊이 있는 논의가 필요하겠지만, 그 전에 먼저 우리나라 정치사를 살펴볼 필요가 있습니다. 정치 수준도 어떤 식으로 국가를 지배하는가에 좌우됩니다. 우리 정치사에서 해방 후부터 전두환 정권이 끝날 때까지 정치 수준이 제일 낮았다고 할 수 있습니다. 당시에는 강자가 약자를 지배하는 사회였습니다. 말하자면, 부자가 가난한 자를, 힘있는 자가 힘없는 자를 지배하는 사회였는데, 우리나라가 그런 정권에서 벗어나는 데 아마 50~60년 걸린 것 같습니다. 그다음 김영삼 대통령이 문민정부를 이끌면서 일반 사회로 올라왔는데 그때는 힘이 지배하는 사회가 아니고 법이 지배하는 사회, 법치사회가 되었습니다. 이제 정치적 선진 국가로 더 나아가려면 그것만 가지고는 안 되고 더 수준 높은 정치, 바로 도덕적인 질서가 지배하는 사회가 되어야 합니다.

그럼 그리스도인은 무엇을 해야 할까요? 힘으로 지배하는 사회에 속하면 그것은 죄인이 되는 것입니다. 법치사회에서의 그리스도인들은 정치를 하든 기업을 하든 사회가 질서와 정의가 지배하는 수준으로 올라가도록 이끌어야 합니다. 그때 두 가지를 지켜야 하는데, 하나는 도덕과 윤리적인 가치이고 다른 하나는 사랑을 베푸는 가치입니다.

한마디로 그리스도인의 사회 및 정치 참여는 도덕과 윤리적 질서를 뿌리내리게 해주고 사랑을 베푸는 가치를 실천하는 것이라고 할 수 있습니다. 목사님과 교회 지도자들이 그런 역할을 담당하고 있습니다. 따라서 지도자의 역할이 중요할 수밖에 없고 일반 그리스도인의 책임도 크다고 할 수 있습니다.

그리스도인의 사회 참여는 마땅하다

7강 ::

무엇이
바른 성경 읽기와
기도인가

성경을

읽어야 하는 이유

사실 저의 신앙은 책을 통해서 성숙해졌다고 말할 수 있습니다. 중학교 1학년 때부터 우리 학교에 채플시간이 있었습니다. 그 시간에 평양에서 훌륭하다고 알려진 목사님들의 설교를 듣다가 제가 다니는 시골교회 목사님 설교를 들어보면 차이가 확연히 느껴졌습니다. 그래서 '이 차이를 어떻게 메워야 할까?' 하고 생각하다가 일본 기독교 출판 협회에서 나온 책들을 구해다 읽기 시작했습니다. 그때가 일제강점기였으니까 우리나라에는 좋은 책들이 출판될 수 없었습니다. 당시 일본의 지성인들 중에는 그리스도인들이 꽤 있었고 그 사람들이 쓴 책의 수준들이 상당히 높았습니다.

중학교 3학년이 지나면서 개인적으로 독서를 많이 했습니다. 그 책들 중에 철학적인 내용이나 종교적인 내용도 있었습니다. 지금으로 말하면 기독교의 사상적인 이해, 또는 철학적인 이해를 다루는 내용들을 조금 일찍 접한 셈이었지요. 그러다 대학에 가서 철학과 수업을 들으면서 세계 사상을 이끌어간 기독교 사상가들의 책을 많이 읽게 되었습니다. 그런 의미에서 내 신앙 성장의 90퍼센트는 책을 통해서라는 말이 나온 것입니다. 저는 저 같은 분들이 많아지기를 바랍니다.

성경을 왜 읽어야 하는지 한번 생각해볼 필요가 있다고 봅니다. 해방되고 얼마 안 되었을 무렵, 연세대학교로 가기 전에 중고등학교에서 학생들을 가르칠 때였습니다. 한 선생이 저를 찾아와서 "선생님, 일제 때는 이런 거 전혀 없었는데 요새 새로 나온 국어 교과서 보니까 아브라함이 하나님 앞에 이삭을 바쳤다는 내용이 있는데 그게 뭡니까?" 하고 물었습니다. 그 선생은 일제 때 교육을 받아 기독교에 대해서는 전혀 모르고 살았으니 성경의 내용을 모를 수밖에 없었습니다. 또 영어 선생도 저에게 "안식일이라는 게 뭡니까?" 하고 물었습니다. 일제강점기에는 그리스도인이라 해도 구체적인 성경지식을 제대로 배울 기회가 없었거든요. 그때 그들의 질문에 대답해주면서 대학을 나온 지성인들도 일제 때 폭넓은 교육을 받지 못해서 구약이나 신약의 내용을 전혀 알지 못한다는 것을 알았습니다.

미국은 우리와 사고방식이 좀 다릅니다. 미국 공립학교에서는 하나의 종교만 가르칠 수 없기 때문에 기독교 종교교육을 못 시키는 것으로 압니다. 초등학교 때 아이들에게 기독교교육을 시키고 싶으면 교회가 세운 기독교 계통의 사립학교에 보내야 합니다. 하지만 교육비가 무상인 공립학교에 비해 학비가 많이 들어 부모님에게 부담이 되지요. 그런데 공립중고등학교에 가게 되면 과목별 선생이 아이들에게 한 학기 동안 읽어야 할 책 6권을 소개해주고 그 가운데 자신이 읽고 싶은 책 3, 4권은 골라서 반드시 읽으라고 합니다. 그렇게 소개해주는 도서목록 중에는 벤저민 프랭클린의 자서전이나 창세기 또는 누가복음이 반드시 포함되어 있다고 합니다. 그러면서 창세기를 읽어야 하는 이유를 이렇게 설명해줍니다. "역사적으로 전 세계 인류가 창세기를 읽어왔으니 너희들도 그 내용을 알아야 할 필요가 있다, 교회 다니는 것과 별개로 고

전으로서의 창세기를 읽어라."

학년이 더 올라가면 성경에서 출애굽기까지는 읽으라고 권합니다. 그리고 공자가 누구인지 알려면《논어》를 읽어야 하는 것과 마찬가지로 예수가 어떤 분인지 알기 위해서는 신약의 마가복음이나 누가복음 중 하나는 읽으라고 권합니다. 예수님의 생활을 알고 싶으면 그분의 공생애를 중심으로 기록한 마가복음이 좋고, 예수님의 교훈을 받아들이고 싶으면 누가복음을 읽으라고 얘기해줍니다.

제 생각에 이런 방식의 교육이 옳습니다. 우리는 공립학교에서도 창세기나 마가복음을 읽으라고 하지 않거든요. 그것을 읽어야 하는 이유는 인간이 살아가는 데 지침이 되는, 즉 우리를 이끌어주는 교훈이 들어 있기 때문입니다.

감리교계에서 은퇴한 원로 목사님들이 서울에 200명쯤 계십니다. 한 달에 한 번씩 모임을 갖는데 120명쯤 모이곤 합니다. 제가 그 모임에 강의를 갔다가 마치고 나서 차를 마시면서 옆에 계신 분한테 "공자의 생애와 사상이 담긴《논어》를 읽으신 분이 얼마나 될까요?" 하고 물어봤습니다. 그랬더니 그분이 "학교에서 안 배웠으면 읽은 사람이 없겠죠"라고 대답했습니다. 솔직히 말해서 동양에서 정신적 지도자가 될 사람이 《논어》를 안 읽었다면 좀 문제가 있다고 생각합니다. 그런데 우린 지금 그렇게 살고 있거든요. 교회와 사회가 서로 벽을 쌓고 사는 것이 문제입니다. 대학까지 나온 지성인이라면, 특히 정신적 지도자가 될 사람이라면 반드시 알아야 할 텐데 그 벽 때문에 안 읽고, 그것은 자신과 상관없다고 생각합니다.

연세대학교 이공 계통의 후배 교수가 있는데 그는 성경도 빠짐없이 읽고 신앙도 깊은 그리스도인입니다. 한번은 그 교수가 저에게 이렇게 말했습니다. "학교 때도 못 배우고 못 읽었던 《논어》를 요새 한번 쭉 읽고 있는데, 읽다 보니까 공자님이 선하고 아름다운 인간관계를 강조했다는 걸 알게 되었습니다. 정말 많이 배웠습니다." 그 후배 교수의 말인즉슨, 도덕과 윤리가 중요하다는 것은 예수님한테서 배운 것보다 논어를 통해서 배운 것이 더 많다는 의미입니다. 그가 올바로 본 것입니다.

공자의 교훈 속에서 가장 중요한 것은 인간관계입니다. 모든 생각이 거기에서 비롯된다고 주장하거든요. 한번은 자로라는 제자가 공자에게 이렇게 물었습니다. "사람이 죽은 다음에는 어떻게 됩니까? 죽음에 대한 선생님의 생각은 무엇입니까?" 말하자면 사후세계, 신앙적인 문제를 물은 것입니다. 그러자 공자가 이렇게 대답했습니다. "삶에 대해서도 잘 모르는데 어찌 죽음에 대해 알겠느냐?" 죽음에 대해서는 모른다는 자신의 한계를 솔직히 고백한 것입니다. 사실 사상적이고 정신적인 무거운 짐을 제일 많이 진 사람이 공자였습니다. 하지만 그는 인간의 신앙문제에 대해서는 별다른 주장을 하지 않았습니다.

그러나 우리 기독교에서 예수님의 가르침을 보면 마태복음에서도 알 수 있듯이 처음에는 윤리적 문제를 논하다가 신앙적인 주제까지 범위가 넓어지지 않습니까? 예수님은 윤리와 종교를 모두 아울러 가르치신 분이고 공자는 윤리만 얘기한 분입니다. 그런 맥락에서 윤리적인 면만 볼 때는 공자의 사상이 정말 훌륭한데 우리 목사님들, 또 신학자들까지도《논어》를 읽지 못했다는 것은 정신적 지도자로서는 결격이라고 생각합니다. 사상적으로 폭넓지 못하다는 점에서 잘못된 것입니다.

성경을 어떻게 읽어야 하는가

성경을 읽는 사람 중에 성경을 고전이라 여기고 읽는 사람이 있고, 신앙의 양식이라 여기고 읽는 사람이 있는데 서로 상당히 거리가 있습니다. 그건 그럴 수밖에 없습니다. 고전으로 여기고 읽는 사람의 입장에서 볼 때는 성경의 내용을 다르게 받아들이기도 하니까요.

제가 연세대학교에 재직하고 있을 때 앞에서도 소개했지만, 동양철학을 전공한 구본명 교수님이 우리 학교로 부임해 오셨습니다. 그분께 "과거에 읽으셨겠지만 기독교 학교에 오셨으니까 한 번 더 읽어보시라"며 성경을 선물했습니다.

그 교수님이 다 읽어보고 나서 하는 말이 "구약의 창세기와 그 이후의 내용을 읽어보니 종교 경전으로서는 좀 부끄러운 얘기들도 많이 있던데요. 별 이유 없이 전쟁을 일으키고 사람을 마구 죽이는가 하면, 대를 잇기 위해 아버지를 술 취하게 하고서 딸들이 동침한 이야기도 있고요." 그분이 보기엔 구약의 내용에 의심스러운 것이 많다는 얘기입니다. 출애굽기에 보면 하나님이 원수 갚을 때 살아 있는 모든 것, 즉 사람은 물론이고 짐승까지 죽이라는 무서운 재앙을 내리시거든요. 일반 상식으로 볼 때 사람을 죽이라는 경전은 있을 수 없지 않습니까? 요즘 이슬람교도들이 자살폭탄 테러를 하면서 알라신을 믿어야 한다고 하는데, 그런 알라신을 믿으면 되겠어요? 그 교수님도 그런 의미의 얘기를 한 것입니다.

그 말에 제가 맞다고 대답했습니다. "구약은 불경 같은 거룩한 종교 경전이나 공자의 《논어》와도 다릅니다. 이것은 창세기를 비롯한 모세오경부터 선지자의 예언서, 성문서에 이르기까지 구약시대 역사를 다룬 역사책입니다. 역사에는 부끄러운 것도 있고 자랑스러운 것도 있고 훌륭한 사람도 있고 나쁜 사람도 있듯이 성경은 그것을 다 기록한 역사책인 셈이지요. 그런데 기독교가 역사와 다른 점은 다른 종교처럼 그저 거룩하고 고차원적인 것만 얘기하는 것이 아니라 예수님이 우리 역사 속에 오셨다는 점입니다. 예수님은 역사와 더불어 사셨습니다. 그러니까 구약은 역사책으로 보는 게 맞습니다. 그리고 역사를 떠난 종교는 있을 수 없거든요."

그랬더니 그 교수님도 "맞아요. 그게 종교죠"라고 맞장구를 치더군요.

그럼 우리 믿는 사람들은 성경을 어떻게 읽어야 할까요? 교회에서 다 가르쳐주고, 보여주니까 내가 따로 특별히 얘기할 건 없지만, 그래도 두 가지는 확실히 알아야 합니다. 하나는 예수가 구세주라는 것을 믿을 수 있는가 하는 것입니다. 우리 기독교 신앙은 우리와 똑같은 인간으로 오신 예수가 구약 때부터 예언으로 약속된 메시아 구세주라고 믿는 것입니다. 만약 예수에 대해 아무리 많이 연구하고 전기를 썼어도 예수는 예수지 구세주는 아니라고 생각하면 그것은 올바른 기독교 신앙을 가졌다고 할 수 없습니다.

다른 하나는 예수님의 생애와 사상이 과연 내 인생을 바꿔놓을 수 있는가 하는 것입니다. 교회에 다니다 보면 한 번은 예수가 구세주라는 사실을 체험적으로 받아들여야 할 때가 옵니다. 성경을 읽을 때 제일 먼저 사복음서를 읽게 되는데 신앙을 기르기 위해서는 사복음서를 통해 예수가 누구인가를 먼저 알아야 합니다. 성경을 읽으면서 예수님의 말씀이 내 인생관과 가치관을 바꿀 수 있는가를 스스로에게 물어봐야 합니다. 그저 목사님이 하는 설교만 듣고 자신이 스스로 깨닫지 못하면 언젠가 또 바뀝니다.

무엇이 바른 성경 읽기와 기도인가

신학자이자 교수인 내 친구들 가운데 신앙이 없는 사람도 있습니다. 그런 사람들은 고민이 얼마나 크겠습니까. 천주교의 성 테레사 수녀가 죽기 전에 고민한 게 무엇이었는지 아십니까? 자신이 하나님을 믿고 있는지 잘 모르겠다는 것이었습니다. 그러고 보면 신앙은 쉽게 생기는 것이 아닌 것 같습니다.

내가 예수님과 하나가 되고 그런 신앙을 체험했을 때 내게 예수님이 구세주로 나타나십니다. 예수님을 알기 위해서는 신약의 사복음서를 읽어야 하고, 그런 예수님이 하나님께서 약속하신 역사의 주인공인가를 알기 위해서는 구약을 읽어야 합니다. 구약에서는 창세기, 이사야, 시편 등이 중요한데, 구약을 읽으면서 하나님과 인간의 관계 속에서 예수님을 약속 받았다는 것을 받아들이면 됩니다. 그 다음에 다시 사복음서를 읽으면 그때는 '아, 하나님께서 인류의 역사를 주관하시고, 그 큰 사명 속에 예수님이 나와 함께 계신다는 것'까지 받아들이게 됩니다. 신학자가 되고 목사가 되는 것이 중요한 것이 아니고, 그 말씀을 받아들이는 것이 중요합니다.

성경을 읽으면 예수님의 교훈도 좋고 병자를 고쳐주신 얘기도 감동적인데 믿을 수 없는 기적이 너무 많다고들 합니다.

하지만 성경 속에 기적이 많다고 말한 것은 우리만이 아닙니다. 예수님 당시에는 그리스의 철학과 로마의 제도가 있었던 사회였잖습니까. 그리스나 로마 사람들의 생각도 우리와 같았습니다. 사상적으로는 우리가 그들보다 더 높다고 할 수 없습니다. 그때도 똑같이 기적이었어요. 따라서 우리가 그 기적을 배제하면 안 됩니다.

기적은 하나님의 섭리와
질서를 체험하는 것

그럼 기적이라는 문제를 어떻게 봐야 할까요? 지성인들이나 학생들을 위해서 설명하자면 이렇습니다. 사람이 사는 데 어길 수 없는 한 가지가 있습니다. 바로 자연법칙입니다. 자연법칙이 깨지면 인간이 생존할 수 없어요. 예를 들어 태양에서 열이 방출되고 있는데, 뭔가가 잘못돼서 태양열이 직접 지구로 방출되면 다 죽지 않겠어요? 또 물은 높은 데서 낮은 데로 흘러가는데, 만약 냇물이 낮은 데서 높은 데로 흘러간다면 어떻게 되겠어요? 태평양 물이 온 땅을 뒤덮어서 사람이 못살게 되지 않겠어요? 그 법칙은 하나님께서 우리 인간을 위해서 주신 법칙입니다. 그것은 하나님도 바꾸시지 않습니다. 그것이 바로 자연법칙입니다.

그것과 비슷한 법칙이 있는데, 바로 신체를 가진 인간과 동물에게 있는 생리적인 법칙입니다. 피가 돌아가고 심장이 뛰고 위장이 움직이고 뇌가 작동하는 생리적인 법칙 역시 어길 수 없어요. 하지만 인간은 동물과 달리 그런 조건 위에 더 높은 차원의 조건을 가지고 있는데, 바로 정신적 질서예요. 인간은 도덕, 윤리, 문화, 학문, 예술을 가지고 살고 있지 않습니까? 그리고 동물에게는 없는 또 한 가지는 시간 개념이에요. 인간에게는 시간이라는 개념이 있어서 그것을 통해 정신적인 질서를 세우고 역사를 만들며 살아가고 있지요.

90퍼센트 이상의 사람들이 정신적 질서를 가지고 있는데, 이것은 법칙이 아니라 질서이기 때문에 변할 수 있고 바뀔 수 있습니다.

그렇다면 세상 사람들은 생리적인 법칙과 정신적 질서 두 가지를 가지고 사는데 우리 그리스도인은 뭘 더 가지고 살아갈까요? 바로 그 정신적 질서를 지배하고 이끌어주시는 하나님의 섭리입니다. 즉 창조주의 섭리와 은총의 질서를 느끼면서 살고 있는 것이지요. 그 섭리대로 살 때 우리가 그리스도인이 되는 것이고, 그 섭리를 우리가 기적이라고 보는 것입니다. 사도 바울이 사람들을 책망하면서 뭐라고 말했습니까? "유대인은 표적을 구하고 헬라인은 지혜를 찾으나(고전 1:22), 즉 그것만을 원하기 때문에 잘못됐지만, 나는 십자가에 못 박힌 예수 그리스도를 받아들이고 그분을 전할 것이다."

그 말은 우리 인간의 정신적 질서 위에 은총의 질서를 받아들인다는 의미입니다. 그것이 신앙인들의 체험입니다. 사도 바울도 체험했고, 베드로도 그것을 체험했습니다. 지금도 신앙을 가진 우리는 그것을 체험하며 살아가고 있는 것입니다. 순박한 어부였던 베드로가 예수님의 부르심을 받아서 세계 역사를 바꿔놓은 인물이 되고, 예수 믿는 사람들 잡아 죽이던 바울도 다메섹으로 가던 중 예수님의 빛을 보고서 엎어졌다가 깨어나서 새로운 인생을 살면서 인류 역사를 바꾸지 않았습니까? 그것이 바로 은총의 질서입니다.

우리가 그런 것을 기적이다, 받아들이기 어렵다고 생각하는데, 그것은 은총의 질서이기 때문에 당연히 믿고 받아들여야 하는 것입니다. 그 은총의 질서는 체험을 통해 알게 되는

무엇이 바른 성경 읽기와 기도인가

데, 나만 그것을 체험했으니 나는 너하고 다르다는 생각보다는 모든 사람이 주님께서 주신 은총을 체험하고 그 질서 속에서 살아간다는 생각을 가져야 합니다.

그러면 예수님이 환자를 고치시는 것을 보고 기적이라고 하는데, 그것은 어떻게 받아들여야 할까요? 일반 의사들은 사람의 신체적 병을 고치고, 정신과 의사들은 마음의 병을 고칩니다. 예수님은 은총의 질서에 따라 사람의 인생관을 바꾸십니다. 그것은 병의 치유에 영향을 줍니다. 좋은 의사들은 그렇게 병을 고칩니다. 살아갈 의지가 있고 희망이 있고 사랑이 남아 있는 환자는 병을 회복하지만, 스스로 희망을 포기한 사람은 병에서 회복되지 못하는 것을 흔히 볼 수 있습니다. 그것은 자연법칙을 움직이는 것이니 기적도 그런 맥락에서 받아들이면 좋을 것 같습니다.

하나님은 생각만으로
믿게 되는 존재가 아니다

성경 외에 그리스도인에게 중요한 것이 기도입니다. 그런데 우리가 기도를 드릴 때 세상을 넓게 보질 못하고 눈앞의 일만, 나에 대한 것만 기도하는 것을 볼 수 있습니다. 다들 기도 드리는 것을 쉽게 생각하는 듯합니다. 제가 쓴 글 가운데 '기도를 드려야겠다고 생각하고 기도를 드리다 보면 나도 모르게 기복적인 기도, 복을 받기 위한 기도를 드리고 있더라'는 내용을 쓴 적이 있습니다. 불교도들이 부처님한테 가서 비는 게 기복신앙인데 우리 역시 전도관이나 기도원에 가서 기도 드리는 것을 보면 전부 기복적인 기도를 드립니다.

내 친구 김태길 교수와는 수십 년 동안 종교문제를 가지고 함께 고민하면서 가까운 친구들과 얘기도 하고 성경도 읽는 동안에 신앙적으로 점점 가까워졌습니다. 그때 김태길 교수가 고민한 문제는 신앙을 가진다는 것, 그리스도를 받아들인다는 것은 나 자신이 복 받기 위한 것은 아닌데, 사람들은 그렇게 믿고 있으니 그것을 어떻게 해결할 것이냐 하는 문제였습니다.

저 역시 신앙생활을 하면서 어렸을 때는 자신을 위한 기도를 드렸습니다. 심지어는 시험 잘 보게 해달라는 기도까지 드렸으니까요. 평양에 평양신학교를 처음 설립했을 때 장로님들이 그곳에서 공부했는데 나이가 들어 공부하려니 아무리 해도 기억력이 떨어지고 공부가 안 되었던 모양입니다. 그래서 성령님한테 시험 잘 보게 해달라고 부탁하는 기도를 밤새껏 했답니다. 그러고 시험 보러 가서 답안을 쓰려니까 하나도 안 보이더래요. 그래서 하는 말이 "시험 앞에서는 성령님도 꼼짝 못하시는구나" 하는 우스갯소리가 생겼답니다. 기복적인 기도는 기도가 아니라는 것을 보여주는 일화이지요. 하지만 사실 우리 대부분은 거기에 빠져 있다고 해도 과언이 아닙니다.

복을 바라는 기도는 진정한 기도라고 할 수 없습니다. 그럼 기도는 어떻게 드려야 할까요? 우리 이웃과 국가, 민족을 위해서 하는 기도는 아무리 드려도 부족합니다. 그것을 위해 기도 드린 다음, 기도 마지막에는 '나를 통해서 주님의 뜻이 이루어지도록 하소서'라는 내용이 들어가야 합니다. 부족하고 아무것도 아닌 존재지만 그런 나를 통해서 주님의 뜻이 이루어지게 해달라고 기도해야 합니다.

제일 잘못된 기도를 드릴 때는 언제일까요? 정서적으로 호소하는 기도를 드릴 때입니다. 종교는 정서가 있어야 합니다. 생각만으로 받아들이는 것이 아닙니다. 키에르케고르의 유명한 비유가 있습니다. 어떤 철학자가 '신이 존재하는 철학적 근거'를 다룬 훌륭한 책을 썼습니다. 사람들이 그 책을 읽고 과연 신이 존재한다는 이 철학자의 말이 맞는다며 믿게 되었는데, 정작 이 철학자 자신은 세월이 지나면서 신의 존재를 믿지 못하게 되었습니다.

그 문제로 고민하던 철학자가 유명한 목사님을 찾아가서 자신이 과거에는 신을 믿었는데 어떻게 하다 지금은 신을 믿지 못하게 되었으니 다시 믿을 수 있도록 교훈을 달라고 부탁했습니다. 목사님이 그를 가만 보니 지성인에 교육 수준도 높아 보이고, 보통사람이 아닌 것 같았습니다. 그래서 그의 부탁을 들어주기에는 자신이 부족하다는 생각에 좋은 생각이 있다며 "어느 유명한 철학자가 신이 존재하는 철학적인 근거를 다룬 책을 썼는데 그 책을 읽어보면 도움이 될 것입니다"라고 말하면서 책 한 권을 갖고 왔습니다. 철학자가 봤더니 자기가 쓴 책이거든요. "그 책은 저에게도 있으니 그 책을 읽고 다시 생각해보겠습니다"라고 말하고 돌아왔답니다.

신의 존재는 생각으로 알게 되는 것이 절대로 아닙니다. 철학자조차 신이 존재한다고 얘기하고도 자기는 못 믿습니다. 신의 존재는 생각만으로는 믿을 수 없다는 의미이지요.

그런 맥락에서 신의 존재는 생활 속에서 체험하는 것이라고 말하는데, 그렇게 되니까 철학자가 아닌 일반 사람들은 앞의 경우와 반대로 신앙을 정서적이고 감정적인 면을 통해 느끼게 됩니다. 안타깝고 답답할 때 신의 존재를 찾고 정서적으로 호소하는 것이지요. 그런 신앙을 갖게 되면 기도를 기도답게 드리지 못합니다.

제가 학생 때 목사님이 새벽기도를 나오라니까 열심히 다녔습니다. 가서 기도하다 보면 저는 10분, 15분 기도드리면 더 이상 할 말이 없는데, 어떤 집사님은 자리에 앉은 순간부터 계속 울면서 기도드리고 있었습니다. 그래서 한번은 옆자리에 가서 무슨 기도를 드리는지 슬쩍 들어봤습니다. "시어머니하고 자꾸 싸움을 하니 답답해서 살겠습니까? 억울해서 살겠습니까?"라며 기도하고 있더라고요. 그렇게 하소연하고 나면 하기 전보다 낫긴 하겠죠. 하지만 그것이 진정한 기도는 아닙니다.

참된 기도는

예수님의 이름으로 드리는 기도

인격과 지성을 갖춘 철학자도, 감정에 호소하는 집사님도 진정한 기도를 드리려면 어떻게 해야 하는가에 대해 말씀드리려 합니다. 앞의 철학자는 신이 존재하는 근거를 쓸 수는 있었지만, 기도는 못 드렸거든요. 기도를 드릴 수 있는 신앙은 유대교, 이슬람교, 우리 기독교 셋밖에 없는데 유대교는 민족 신앙이기 때문에 온 인류가 공통된 기도를 드리지는 못합니다. 또 이슬람교는 '이는 이로 갚고 눈은 눈으로 갚으라'고 하고 전쟁도 인정하는 구약적인 교리신앙이기 때문에 인류 보편적인 기도를 드릴 수 없고, 더욱이 그런 기도는 하나님이 받아들이시지 않습니다.

그러면 하나님께서 응답해주실 기도는 무엇일까요? 예수님의 이름으로 드리는 기도입니다. 우리는 기도를 끝낼 때 "예수님 이름으로 기도드립니다"라고 말하는데, 그것은 예수님을 통해서만 구원이 있다는 의미입니다. 기도 중의 기도는 '주님의 기도(주기도문)'예요. 내가 아무리 좋은 기도를 드리려고 해도 주님의 기도 이상으로 드릴 수는 없습니다.

독일의 어느 철학자가 자신은 주님의 기도밖에 안 드린다고 했더니 상대방이 "그렇게 기도하면 너무 짧지 않습니까?"하고 묻더랍니다. 그 철학자가 말하길, "나는 '나라가 임하시

무엇이 바른 성경 읽기와 기도인가

오며'라는 기도 하나만도 감당하지 못한다"고 했다고 합니다. 거기에 얼마나 큰 뜻이 담겨 있느냐는 의미이지요. 예수님께서는 '좋은 교회 만들어라, 훌륭한 교회 만들어라, 모범적인 교회 만들어라'라고 말씀하지 않으셨습니다. 그 대신 하나님 나라 만들라고 하셨습니다. 주님의 기도가 바로 그 내용을 담고 있지 않습니까? 그런데 철학자도, 평신도도, 신학을 연구하는 신학자들조차도 그런 기도를 못 드립니다.

이다음에 제가 하나님의 부르심을 받게 됐을 때 5~10분 정도 여유가 주어진다면 할 수 있는 것이 무엇일까 생각해봤습니다. 주님께서 가르쳐주신 기도로써 내 인생을 끝냈으면 좋겠다는 결론을 얻었습니다.

성경을 내 인생의 양식으로 받아들이고, 기도를 내가 하나님과 함께하는 대화와 호흡으로 받아들이고 사는 것이 그리스도인의 삶입니다. 따라서 우리는 성경과 기도의 뜻을 한번 깊이 생각해보고 제대로 받아들일 필요가 있습니다.

제 선배 교수 가운데 한 사람은 끝까지 기도를 못 드렸습니다. 그러다가 위암으로 세상 떠나기 얼마 전에 가족들과 제자들이 와서 "선생님 이제 신앙으로 돌아오심이 어떻습니까?"하고 권했더니, "너무 늦지 않았을까?"라고 걱정하더랍니다. 그래서 "아닙니다. 신앙은 늦은 게 없습니다"라고 대답해줬더니 그제야 신앙으로 돌아가겠다고 해서 새문안교회 강신명 목사님을 통해 안수 기도와 세례를 받았습니다. 그런 다음에야 그 교수님이 기도를 할 수 있게 되었습니다. 성실하고 정직한 성품 때문에 마음에 없는 기도는 못 드렸던 것입니다. 결국에는 마지막 순간에 참된 기도를 드리게 되었지요.

기도를 드릴 수 있다는 것은 인간이 가진 유일한 특권입니다. 기도를 드릴 수 있는 사람은 구원을 약속받은 사람이고, 기도를 드릴 수 없는 사람은 구원의 손길에서 벗어나 있는 사람입니다. 거짓으로 기도하는 사람은 하나님이 받아들이지 않으신다는 것은 다 아는 얘기입니다. 그래서 신앙이 깊어질수록 성경을 이해하고 기도하는 내용도 깊어지지만, 신앙이 얕아질수록 성경 읽기와 기도도 조금밖에 못하게 되는 것 아닙니까?

마음의 그릇이 작으면 거기에 맞게 고민하면서 살게 됩니다. 그러나 마음의 그릇이 크면 고민도 많고 어려움도 많겠지만, 한 가지 확실한 것은 그만큼 더 하나님께 의지하고 맡기

무엇이 바른 성경 읽기와 기도인가

게 된다는 것입니다. 마음의 그릇이 커서 나라와 민족을 걱정하는 사람들은 국가의 앞날을 위해서 기도 드리다가 마지막에는 "하나님 제 책임은 여기까지입니다. 이제는 이 민족과 국가를 하나님께서 맡아주십시오"라고 기도하게 됩니다. 구약의 예언자들도, 예수님께서도 그렇게 기도하셨거든요. 우리 신앙이 궁극적으로 깊이 있는 신앙이 되어야 한다는 것을 알고서 기도드리고 성경 읽으면 신앙이 깊어지는 데 많은 도움이 될 것이라고 생각합니다.

또 한 가지 하나님께서는 기도를 통해 우리를 성장시키기도 하십니다. 지금은 자신의 생각이 그것밖에 안 되기 때문에 무엇을 달라는 기도만 드렸지만, 20년, 30년이 지난 다음에 '아 나는 그때 수없이 달라는 기도만 드렸는데 주님께서는 그것을 높은 차원으로 이끄셔서 지금에야 깨닫게 해주시는구나' 하는 성숙한 깨달음이 올 때가 있다는 것입니다.

철없이 드렸던 기도를 세월이 지나면서 주님께서 높이신다고 생각하면, 기도의 중요성을 새삼 깨닫게 됩니다. 그것이 우리가 더 열심히 기도 드려야 하는 이유이기도 합니다.

8강 ::

더 높은 차원의
인간관계를 위하여

선하고 아름다운 인간관계가

행복의 조건

앞에서도 말했듯이 제가 존경하는 두 스승님이 계십니다. 한 분은 도산 안창호 선생이고 다른 한 분은 제가 중앙학교에서 교편을 잡고 있을 때 모셨던 인촌 김성수 선생입니다. 도산 선생은 저와 특별한 인연이 있습니다. 우리 고향에서 도산 선생 고향까지 6킬로미터쯤 거리로 비교적 가까웠습니다. 제가 열일곱 살 때 그분이 서대문교도소에 수감돼 있다가 병을 얻어 가석방으로 풀려나와서 고향에서 치료를 받으셨습니다. 그러는 중에 우리 마을에 한 번 오셔서 토요일 저녁에는 마을 사람들을 대상으로 말씀을 해주시고 다음날 주일에는 교회에 오셔서 설교를 해주시고 가셨습니다. 그렇게 누구보다도 독실한 그리스도인인 그분의 강연을 두 번 들었는데 그 말씀을 듣고는 아주 큰 감명을 받았습니다. 그분은 끝까지 인격적인 사랑을 강조하고 또 조국과 민족을 위한 뜻을 가르쳐주셨습니다. 제 사상과 인생관을 형성하는 데 도산 선생으로부터 많은 영향을 받게 되었습니다.

또 한 분은 중앙학교의 교주셨던 인촌 선생입니다. 그분을 모시고 보니까 그분의 인격이 아주 후덕하고 점잖고 존경할 만한 분이라는 걸 알게 되었습니다. 지금까지 내가 만나본 분 가운데 인간관계가 가장 좋은 분이셨습니다.

사람의 일생은 한 사회에 와서 살다가 그 사회를 떠나가는 것입니다. 근데 어떤 사람은 좁은 사회에서 살고 어떤 사람은 넓은 사회에서 사는 것을 볼 수 있습니다. 또 역사적으로도 옛날에는 농경사회처럼 좁은 사회에서 살다가 이제는 점점 넓은 범위의 사회에서 살게 되었습니다.

특히 역사가들은 개인적인 윤리와 가치에 따라 살다가 사회적인 윤리와 가치에 따라 살게 된, 즉 삶의 범위가 확대된 계기를 프랑스 혁명과 영국의 산업혁명이라고 설명합니다. 그다음부터는 인류가 하나 되어 전부 공통된 가치를 가지게 되었다고 합니다. 사회과학도 그때 발전되었고요. 지금은 인구도 많아지고 교통도 발달해서 지구촌이라고 말하지 않습니까? 또 요새 세계 지도자들이 한 자리에 모이는 것도 세계가 하나 된 예라고 볼 수 있지요. 이렇게 역사가 변하는 것과 동시에 우리 기독교 신앙의 범위도 넓어지고 있기 때문에 행복의 기준이나 가치의 척도도 어떤 사회생활을 하느냐에 달려 있다고 할 수 있습니다.

그런데 사회 자체를 행복하게 만들지 않는 한 자신이 행복해질 수 없다는 것을 알아야 합니다. 예를 들어 가난한 사람이 부자들이 사는 동네에 살면 그 부자들이 부러워서 불행해지고 또 부자가 가난한 사람들이 많은 동네에 살면 동네사람들의 시기와 질투 때문에 불행해진다는 얘기를 들은 적이 있습니다.

이처럼 사회적 기준은 상대적으로 이루어집니다. 그러면 그런 사회적 기준의 관점에서 행복, 성공, 인생의 보람이라는 가치는 어떤 의미를 가질까요? 선하고 아름다운 인간관계가 형성된 사회는 행복하고, 악하고 거친 사회에 사는 사람은 상대적으로 불행하겠지요.

스위스나 노르웨이, 스웨덴 같은 나라는 행복지수가 높다고 합니다. 요즘 너도나도 여행을 많이 가는데, 실제로 그곳에 가보면 사람들이 정말 행복하게 사는 것을 알 수 있습니다. 대부분의 사람들이 정직하고 성실한 데다 사회 분위기도 경쟁적이지 않습니다.

　　한번은 아내와 함께 노르웨이 여행을 갔다가 비가 많이 와서 비옷을 사러 가게에 들어갔어요. 그때 내 나이가 50대 초반이었는데 내 또래의 남자가 가게에서 우리를 안내하면서 물건을 보여주기만 하지 사라고 권하지도 않고 그냥 따라다니기만 해요. 그러다가 괜찮은 것을 골라서 사겠다고 하니까 그 주인의 얼굴이 '아, 그렇게 만족하시니 영광입니다. 우리 물건을 사주셔서 아주 기쁩니다'라는 표정이었어요. 그 표정에서 기쁘고 행복한 마음이 읽혀졌어요.

　　저는 우리 사회에 교회가 많이 생기거나, 다른 종교, 예를 들면 불교의 절이 많이 생긴 것보다 서로간에 인간관계가 풍성해지는 것이 더 행복해지는 길이라고 생각합니다. 그런 의미에서 우리는 선하고 아름다운 인간관계를 가져야 하는데 그것을 보통 윤리라고 표현합니다.

　더 높은 차원의 인간관계를 위하여

인간관계의 바탕

선하고 아름다운 인간관계를 만드는 첫 번째 책임은 나 자신에게 있고, 두 번째 책임은 여러 사람과의 관계에 있다고 할 수 있습니다. 첫째는 내가 어떻게 사느냐 하는 문제입니다. 동서양을 막론하고 윤리학자들이 가지고 있는 여러 가지 덕목 중 똑같이 중요하게 여기는 것이 바로 '자신에게 성실하라'는 것입니다. 성실한 사람에게는 거짓이 없습니다. 또 성실한 사람은 항상 겸손합니다. 그리고 성실한 사람은 성장하기 위해 항상 노력합니다. 따라서 개인이 인격을 형성하는 데 제일 중요한 것은 성실성입니다. 성실한 사람은 자기 인격을 사랑하기 때문에 거짓말을 할 수도 없고 누구를 욕하며 비난하지도 못합니다.

요즘 몇몇 국회의원들이 서로 상대방을 욕하는 모습을 보면, 저분도 인간적으로 성실했다면 저렇게 하지는 않았을 텐데 하는 생각이 들곤 합니다. 겉으로 보기에 좋은 분인 줄 알았더니 인격이 저 정도 수준밖에 안 되는구나 하는 안타까운 생각이 듭니다. 여러 철학자들 가운데 가장 성실하게 산 사람으로 칸트를 꼽을 수 있습니다. 그는 생활습관에서조차 시간 엄수와 질서를 존중하는 성실함을 보여준 것으로 유명합니다.

성실한 사람은 한 차원 더 높은 가치를 원하게 되고 그러면 경건해집니다. 죄도 없어지고 마음이 경건해지면 하나님께서 찾으시는 수준의 사람이 되는 것이지요. 그러나 성실한 수준에서 머물면 하나님이 옆에까지 오셔도 찾지 않지만, 경건하게 마음의 문을 열면 그땐 하나님이 함께하시게 되는 것입니다. 성실성에 경건함까지 더하면 신실한 신앙인이 되고, 성실함에만 머물면 공자님 수준까지는 됩니다. 공자님도 정말 성실한 분이었잖아요.

또 성실한 사람은 자신의 책임이 크다고 생각하고 인생에서 스스로 무거운 짐을 지게 됩니다. 하지만 신앙을 가지게 되면 그 짐을 하나님께 맡기고 풀어놓을 수 있게 됩니다.

둘째는 내가 누군가와 관계를 맺고 그를 받아들일 때 필요한 것이 무엇인가 하는 문제입니다. 이처럼 대인관계에서 필요한 것은 바로 사랑입니다. 그것을 석가는 자비라고 표현했고, 공자는 어진 마음이라고 했는데, 인간을 가까이에서 보신 우리 예수님께서는 그것을 사랑이라 하셨습니다.

더 높은 차원의 인간관계를 위하여

사랑은 인간관계의 바탕이 되고 따라서 정말 사랑하는 사람은 인간관계를 아름답게 유지할 수 있습니다. 그런데 이 사랑이 잘못되면 이기적인 사랑이 됩니다. 그건 욕심이지 사랑은 아닙니다. 사랑이 아래서부터 위로 순차적으로 올라가게 되면 점점 더 높은 차원의 사랑으로 나아가게 되는데 이 사랑의 수준이 올라가지 못하면 높은 차원의 사랑을 받아들이지 못하게 됩니다. 사랑할 줄 모르는 사람이 되는 것입니다.

예를 들어 사람이 가장 처음 겪게 되는 사랑은 사춘기를 보낸 뒤 찾아오는 남녀간의 사랑입니다. 그러면서 불행과 고통을 경험하게 되기도 합니다. 그런 불행과 고통의 원인은 욕심에 있습니다. 내가 너를 사랑하고 위해주는데, 왜 너는 나를 위해주지 않느냐는 욕심을 가질 때 불행해지는 것입니다. 상대방을 위해주기보다 내가 더 받으려고 상대에게 요구할 때 관계가 어려워지는 것입니다. 이해를 돕기 위해 제가 겪었던 일을 쓴 수필의 내용을 소개할까 합니다.

대학 다닐 때 아주 가까운 친구 셋이 있었습니다. 허군, 박군, 나 이렇게 셋이었죠. 한번은 허군의 누이동생이 나한테 편지를 보냈습니다. 옛날에는 전화가 없었으니까 주로 편지를 썼습니다. 자기 오빠가 요새 고민이 많은 것 같은데 오빠와 만나서 대화를 나누고 고민을 들어달라는 내용이었습니다. 그래서 주말에 찾아갔더니 허군은 밖에 나가고 없고 어린 누이동생이 시험공부를 하고 있었습니다. 오빠는 어디 갔냐고 물었더니 산책 간다고 나갔으니 곧 들어올 거라며 오빠 방에 가서 기다리라 했습니다. 그래서 방에 가보니까 책은 다 어떻게 했는지 없고 악보 하나와 바이올린 하나가 놓여 있는 것입니다. 그래서 누이동생에게 "너희 오빠가 바이올린 시작했냐?"고 물었더니 "바이올린을 배우고 싶어서가 아니고 힘든 일을 잊으려고 하는 것 같다"고 대답했습니다. 그래서 재차 "뭐 때문에 그런 거 같으냐?" 물으니 "전 모르죠"라고만 했습니다. 그러는 사이에 허군이 왔습니다.

오랜만에 만나니까 서로 반가워하면서 인사를 나눴습니

다. 그러고 나서 내가 먼저 "나나 너나 우리 다 음치라 바이올린 해봤자 안 될 게 틀림없는데 어떻게 바이올린을 시작했어?"라고 물었더니 바이올린을 연주하기 위해 시작한 건 아니라고 말끝을 흐렸습니다. 그래서 무엇 때문에 그러냐고 캐물었더니 "꼭 잊어버려야 할 게 있는데 잊어버릴 수가 없어서 바이올린이라도 하면 잊힐까 싶어서 시작했어" 하고 대답하는 것입니다. "무슨 일이 있었어?" 했더니 "괜찮아, 세월이 지나면 괜찮아질 거야"라고 말하기에 나한테 얘기 못할 것이 뭐 있냐고 얘기해보라고 재촉했더니 괜찮다고 다른 얘기나 하자고 했습니다. 그래서 내가 "그 얘기 안 하려면 나 그만 갈게"라고 말하니까 그제야 "좀 부끄러운 얘기지만…" 하면서 말문을 열었습니다.

자신이 우리 세 친구 가운데 또 한 친구인 박군의 누이동생을 정열적으로 사랑했다고 합니다. 그녀는 당시 일본에서 공부하고 있었거든요. 그런데 일 년 동안 저 혼자 사랑하다보니까 박군의 누이동생은 자기에게 관심이 없는 것 같더랍니다. 그래도 하여튼 그녀에게 큰맘 먹고 사랑을 고백했는데, 그 누이동생이 하는 말이, "허선생을 많이 존경한다"고 하더래요.

"그러나 사랑은 존경하는 것과 다르잖아요" 하면서 자기는 사랑하는 남자가 있다고 말했다는 것입니다. 그 얘기를 듣고 몹시 실망한 허군은 인생이 마음대로 안 되는구나 하는 심정으로 거리를 헤매고 다니다가 영화관이 있기에 무조건 들어가서 영화를 봤답니다. 쇼팽의 얘기를 다룬 〈이별곡〉이라는 제목의 영화로, 쇼팽이 폴란드를 떠나 조르주 상드라는 여류작가와 사랑하게 되었을 때, 쇼팽의 옛날 애인, 즉 첫사랑의 여인이 쇼팽을 찾아왔다가 쇼팽이 다른 여자와 사랑하는 사이임을 발견하고는 애정을 단념하고 돌아가는 장면이 나오거든요.

그 영화를 보고 나니까 더 힘들어져서 못 견디겠더랍니다. 그래서 바이올린이나 좀 배워보자 하고 그걸 사들고 왔다는 것입니다. 그래서 내가 "내 생각에 박군의 누이동생이 사람을 잘못 본 거야. 남자친구가 누군지는 모르지만 그래도 허형이 제일 나을 테니까 내가 박군하고 얘기해서 누이동생의 생각을 허형에게 돌리도록 좀 해볼까?"라고 말했습니다. 그랬더니 허군이 "김형은 아직 누구를 사랑해보지 못했구면? 내가 좋아한다고 해서 상대방의 자유에 손을 대는 건 아니야. 사랑을 못해본 사람이나 그렇게 하는 거야. 차라리 내가 괴로워하는 게 낫지 사랑하는 여인에게 이래라 저래라 하는 건 안 될 말이야"라고 말하는 것입니다. 그 말을 들으니 나 자신이 좀 창피해졌습니다. 그 말이 맞거든요.

그날 둘이 차를 마시고 집에 와서 가만 생각해보니까 한 가지 깨닫는 바가 있었습니다. 인간은 자유를 찾아서 고생하며 역사를 만들어가고 하나님은 자유를 찾는 인간을 사랑해주시는 것, 그것이 인간과 하나님의 관계라는 깨달음이었습니다. 만약 우리가 하나님께 "왜 우리를 내버려둬서 이렇게 범죄하게 하셨습니까?"라고 따지면 하나님은 "내가 어찌 너희를 목석(木石)으로 만들겠느냐? 나는 너희의 자유를 사랑한다. 너희가 자유롭기 때문에 인간인 것이고, 하나님의 사랑을 받는 것이다"라고 하실 것입니다. 예수님께서 열 번 우시더라도 우리 자유는 꺾지 않으십니다. 그럼 우리에게 남은 것은 무엇일까요? 바로 회개하는 것입니다.

누가복음 15장에 보면 탕자의 비유가 나옵니다. 아들이 아버지에게서 물려받은 재산 다 팔아먹고 결국 갈 데가 없으니까 결국 아버지에게 돌아오는 내용입니다. 그 아버지는 떠난 아들을 기다리느라 항상 문밖만 내다보다 멀리서 아들이 오는 모습을 가장 먼저 발견하고는 너무 좋아서 잔치를 베풀었습니다. 우리가 회개하고 돌아오면 하나님이 이처럼 우리를 반갑게 맞아주십니다.

내가 그 수필을 쓰면서 〈자유와 사랑의 변증법〉이라는 제목을 붙이고 인간의 자유와 하나님의 사랑에 대해 깊이 생각해보는 계기가 되었습니다.

사랑받는 사람보다
사랑하는 사람이 더 행복하다

인간관계에서 서로 행복하려면 좀 더 높은 차원의 사랑, 좀 더 귀한 사랑을 할 수 있어야 합니다. 인간관계에서 좀 더 높은 차원이란 나에게 있어서는 성실하고 다른 사람에 대해서는 사랑을 베푸는 것입니다. 사랑을 베푸는 데 가장 중요한 것은 상대방을 위해주는 것입니다. 제가 아내를 먼저 보내고 나서 배운 게 있다면 사랑하는 사람이 사랑을 받는 사람보다 행복하다는 것입니다. 다들 사랑을 받는 사람이 행복한 줄 아는데, 사랑을 받는 사람보다 사랑을 하는 사람이 더 행복합니다. 그럼 얼마만큼 사랑해야 행복해질까요? 내 것을 다 바쳐서라도 상대방이 행복해지면 그것이 나에게는 더 참된 행복으로 돌아옵니다. 그만큼 사랑해야 합니다.

교육계에서 은퇴한 장로인 내 친구가 있는데 주일만 되면 부부가 새벽기도를 같이 가곤 했습니다. 한번은 비가 너무 많이 쏟아지고 교회가 조금 멀어서 새벽기도를 못 가고 자고 있는데 아내가 일어나서 기도를 드리더랍니다. 잠결에 기도 내용을 들어보니 "하나님 우리 장로님 먼저 데려가시고 그다음에 저를 데려가 주세요"라고 기도를 하더랍니다.

'무슨 기도가 그런가?' 싶으면서도 못 들은 체하고 있다가 아침을 먹으며 아내에게 "나 먼저 가고 당신 나중에 가면 혼자 남아서 뭐 할거야? 그 나이에 연애할 것도 아니고, 애들하고 행복하게 살 것도 아니고?"라고 물었답니다. 그 부인이 하는 말이, "나이 80이 넘어서 여러 가정을 보니 제일 불쌍한 건 아내가 먼저 가고 남편이 혼자 남는 것입디다. 여자는 혼자 남아도 딸네서, 아들네서 오라고 하는데 남자가 혼자 남으면 오라고 하는 데가 없더라고요"였다고 합니다.

또 여자는 요리며 빨래며 자기생활을 꾸려가는 데 불편함이 없는데, 바깥일만 하던 남자는 혼자 남으면 쓸모가 없거든요. 그래서 자기 마음속으로 다른 건 다 못해도 내 남편 혼자 남기고 가지 않으리라 생각하고 그런 기도를 했던 것입니다. 그 친구가 "당신 먼저 가면 다음날 내가 가도 괜찮으니까 그렇게 되면 내 마음이 편하겠다"는 자기 아내의 말을 나한테 해주면서 "나는 그런 생각 못했는데…"라며 말을 흐렸습니다.

한번은 내 아내가 오랜 병중에 있을 적에 내가 무슨 얘기를 하다가 집 마당을 가리키며 여기다 화원을 만들었으면 좋겠다고 했더니 아내가 그 말을 듣고 나를 꺼안고는 자꾸 울었습니다. 수술한 자리가 잘못되어서 말은 잘 못하면서도 감정은 있었거든요. 왜 아내가 눈물을 흘렸을까 생각해보니, '내가 당신을 도와줘야 하는데 못 도와주니 미안해서 어떡하냐'는 마음이 들었던 모양입니다. 아내가 간 다음에 곰곰 생각해보니 내 아내는 나보다 행복했겠다 싶었습니다. 왜냐하면 내 아내가 나를 더 사랑했으니까요.

여하튼 인간관계에서 사랑이 그만큼 중요합니다. 상대를 위해 무슨 큰일을 해줘야 한다기보다는 사랑하는 마음이 중요하다는 얘기입니다. 하지만 우리는 사랑을 물질로만 환산하지 그 마음이 얼마나 중요한지는 모르거든요. 세상에서는 모든 것을 물질적인 가치로만 따지는데 예수님께서는 우리 마음을 그 자체로 받아주십니다. 언젠가 그런 마음이 쌓이면 사회가 됩니다. 우리 믿는 사람들이 정말 특별히 잘난 것도 없고 가진 것도 없지만 예수님의 뜻대로 내 이웃을 사랑하고 싶다는 마음만 가지고 있으면, 주님께서 그 마음을 이루어주십니다.

정의의 질서 위에 있는 사랑의 질서

그러면 사회에서의 인간관계는 어떠해야 할까요? 인류 역사가 생긴 이래 오늘날까지 정치사회, 경제사회에서의 인간관계는 두 가지 질서로 나타납니다. 하나는 정치, 경제, 사회, 법을 유지하는 정의의 질서이고, 다른 하나는 예수님이 몸소 보여주신, 정의의 질서 위에 세워주신 사랑의 질서입니다. 이 둘이 존재함으로써 완전한 사회가 되고 행복한 사회가 됩니다. 정치사상가들은 세상의 정의가 자꾸 무너지니까 정의의 질서를 찾아주는 역할을 합니다. 그 위에 사랑의 질서까지 세울 수 있는 책임을 우리 교회가 감당해야 합니다.

세상 사람들은 정의의 질서를 지키기 위해 노력하고 애쓰는데 우리 교회가 그 위에 사랑의 질서를 세워주지 못하니까 사회가 자꾸 잘못된 길로 빠지는 것 아닐까요? 먼저 우리는 정의란 무엇인가에 대해 생각해봐야 합니다.

중학교 1학년 채플시간에 세계일주를 하는 호주 출신의 목사님이 돌아가는 길에 한국에 들러 우리 학교에 와서 설교를 한 적이 있습니다. 그분이 설교를 다 마치더니 이렇게 말씀하셨습니다. "여러분에게 수수께끼를 하나 내겠다. 1등, 2등, 3등 상품을 준비해서 교장선생님께 맡기고 갈 테니까 수수께끼를 맞히는 사람은 상을 타가라."

수수께끼 문제는 '이 세상에서 가장 강한 것이 무엇입니까?'였습니다. 우리 1학년들 중에는 사자냐, 코끼리냐, 고래냐 하며 떠벌리는 녀석도 있고, 지구의 인력이나 태양열이라고 하는 친구도 있었습니다. 난 속으로 목사님이니까 그런 답을 원한 것은 아닐 테고 인생을 살아가는 데 가장 강한 것이 무엇이냐는 의미일 거라고 짐작했습니다. 그 분야에서는 내가 자신 있었거든요. 그래서 "정의입니다. 사람이 의롭게만 살면 아무것도 두려울 것이 없기 때문입니다"라고 써서 냈습니다.

일주일쯤 지난 뒤 채플시간에 교장선생님이 지난번 수수께끼를 맞힌 사람에게 상을 주겠다고 하시더니 "이 세상에서 제일 강한 것은 사랑입니다"라고 1등의 답을 발표하셨습니다. 어느 3학년 선배가 받았는데 나는 그때 그 답이 틀렸다고 생각했습니다. '사랑은 눈물이 있어서 약한데 어찌 의롭게 사는 것보다 더 강하단 말인가. 그건 말도 안 된다. 목사님과 교장선생님이 몰라서 그렇게 말씀하시는 것이라고 생각한 것이다.' 그런 생각을 하고 있는데 2등에 내 이름이 불렸습니다. 그다음 강한 것이 정의라는 얘기죠. 그래서 하여튼 2등상을 받긴 했습니다. 상품이 성경책이었는데 들쳐보니 뒤에 목사님의 사인과 함께 '500명 학생 앞에서 정의라는 답을 맞혔으므로 2등을 준다'라고 씌어 있었습니다. 그래서 나는 정의가 사랑보다 강한 것이 틀림없으니 답이 틀렸다는 고집을 꺾지 않고 2라는 글자를 벅벅 지우고 1자로 고쳤습니다.

그러다 일본으로 유학을 갔는데, 그때 고학을 하느라 고생을 좀 많이 했습니다. 나는 한인 교회로 안 가고 그곳의 신앙을 배우려는 의도로 일본 교회에 갔는데 그곳 목사님과 교인들이 아무 조건도 없이 내가 대학생활을 잘할 수 있도록 물심

양면으로 도와주셨습니다. 그러다 일본 목사님이 세상 떠나기 전에 그분이 나를 위해서 늘 기도해주시고 내 걱정을 해주셨다는 사실을 알게 되었습니다. 집에 돌아오면서 '그분들의 사랑이 없었으면 내가 오늘 이 험한 세상을 이기지 못할 뻔했는데 그 사랑 덕분에 내가 지금까지 존재하는구나'라는 사랑의 힘을 깨닫게 되었습니다.

중요한 것은 그분들이 아무 조건도 없이 나를 사랑해줬다는 것입니다. 그때 깨달았죠. '아, 정의보다 사랑이 강하구나. 정의는 분열을 일으키고 싸워서 결국 한쪽만 남게 되지만, 사랑은 아무것도 요구하지 않고 오직 사랑하는 것이니 정의보다 사랑이 강하구나.' 그것을 깨닫기까지 8년이 걸렸습니다. 그때부터 지금까지 그 진리는 변함없이 내 마음속에 남아 있습니다.

사랑이 있는 고생보다
더 행복한 것은 없다

아직도 교회에 가보면, '내가 옳다, 네가 옳다' 하면서 서로 갈등하고 싸우는 것을 보는데, 그들도 과거의 나처럼 세상에서 가장 강한 것이 무엇인지 깨닫지 못한 것 같습니다. 게다가 그런 대립은 결국 인간관계를 해치게 됩니다. 서로 원수가 됩니다.

우리 기독교는 역사적으로 정의의 싸움 때문에 잘못된 경우가 많았습니다. 장로교를 개척한 장 칼뱅 역시 교회에서 교리 싸움에 나서게 된 인물입니다. 칼뱅은 하나님과 예수 그리스도는 동등하다고 주장했지만, 칼뱅의 친구인 세르베투스(Servetus)는 하나님이 예수를 우리에게 보내주셨으니 하나님이 예수보다 높은 지위라고 주장했습니다.

양측이 팽팽히 맞서 싸우다가 종교재판을 했는데 결국 칼뱅이 이기게 되었습니다. 반대 주장을 하던 세르베투스는 사형에 처해지는 신세가 되었고요. 칼뱅이 감옥에 몇 번 찾아가서 자신과 같은 신앙을 가지라고 권했지만, 세르베투스는 끝까지 고집을 꺾지 않았습니다. 사형 집행 날, 친구가 사형 받는 게 마음이 아팠던 칼뱅은 동정을 베풀어 푸른 나무가 아닌 마른 나무에 태우라고 했습니다. 푸른 나무에 태우면 오래 불타서 사형수가 고생하지만, 마른나무에 태우면 빨리 죽게 되기 때문이었어요. 고작 그런 사랑밖에 베풀어주지 못했습니다.

이런 사례는 교리 싸움 때문에 인간애를 잊어버린 것이라고 할 수 있습니다. 정의만 주장하다 보면 그런 결과를 낳을 수밖에 없습니다. 부부나 형제자매간에도 네가 옳으냐, 내가 옳으냐 하면서 싸우다가 결국에는 갈라서지 않습니까? 그것은 그리스도인으로서 할 일이 아닙니다. 사랑을 베풀어야 하는데 그것을 못합니다. 그래서 칼뱅이 세상을 떠나고 400년 후에 칼뱅의 후학들이 모여서 그때 칼뱅 선생에 의해 죽임을 당한 세르베투스의 죄를 없애는 속죄비를 세웠다는 이야기도 들었습니다.

우리 종교인들 중에는 세상을 보는 안목이 좁은 사람들이 많습니다. 내 제자 중에 한 여학생이 운동권에 있었습니다. 그녀의 아버지는 군 장성 출신입니다. 그런데 그 아버지가 딸을 대단히 지혜롭게 설득한 얘기를 들은 적이 있습니다. 하루는 딸이 귀가하자 아버지가 얘기 좀 하자며 딸을 불렀습니다. 대화중에 아버지는 흰 종이를 꺼내놓더니 종이에 펜으로 점을 하나 찍고는 무엇이 보이느냐고 물었습니다. 딸이 점밖에 안 보인다고 대답하자, 아버지는 다른 것은 안 보이냐 잘 찾아보라고 했습니다. 딸은 아무리 봐도 그것밖에 없다고 했습니다.

더 높은 차원의 인간관계를 위하여

그 말에 아버지가 "너는 이 점만 보지, 이 넓은 종이를 보지는 못한다. 이것을 봐라. 사회는 이렇게 넓은데 네 생각 하나만 가지고 되는 게 아니다"라고 말해줬다고 합니다. 그 여학생이 나에게 와서는 아버지의 말씀을 듣고 나니까 내 안목이 너무 좁았다는 것을 알게 되었다고 고백했습니다.

나만 잘 믿으면 된다고 생각하는 사람들은 다 그렇게 삽니다. 내가 보기에 공산주의자와 잘못된 신앙에 깊이 빠진 사람은 남을 받아들일 줄 모릅니다. 사랑은 받아들이고 위해주는 것인데 그것을 알지 못합니다. 언제 인간관계가 행복해지고 아름다워질까요? 예수님의 사랑을 가지고 모든 사람을 대할 때입니다. 예수님의 사랑으로 아들딸 대하면서 욕심내지 마세요. 예수님의 사랑은 인격을 사랑하는 것이므로 내 아들딸이 이다음에 50, 60이 됐을 때 세상에서 어떤 인간으로 살아갈지에 대해, 그들의 미래 삶을 위해 기도해주세요. 지금 당장 1등 해라, 2등 해라, 상 받으라고 하는 것은 낮은 차원의 사랑입니다.

부부사랑도 마찬가지입니다. 앞에서 말한 내 친구의 부인처럼 자신이 끝까지 보살펴주려는 마음이 사랑입니다. 그리고 정치가들은 그런 사랑을 가지고 국민에게 다가가야 합니다.

　교회나 사회, 가정 안에서 사랑의 질서가 무너지는 경우에는 어떻게 해야 할까요? 우리 사회가 다 알고 있는 대형 교회의 목사님들이 교회 안에서 싸움을 했다는 기사가 신문에 대문짝만 하게 보도되는 경우도 있었습니다. 그런 기사를 보면서 저건 세상 사람도 안 하는데, 예수를 믿는다는 사람이 주님의 말씀을 어떻게 받아들였기에 저 지경이 되었나 하는 안타까움이 듭니다. 그와 동시에 세상에서 제일 지혜롭지 못한 사람이 돈, 명예, 권력, 지위를 소유하는 것을 인생의 목적이라고 생각하는 사람인데, 신학을 공부하고 목사까지 된 분들이 아직도 소유를 목적에 두고 산다는 것에 실망감을 느꼈습니다. 그리스도인에게는 소유가 목적은 아니거든요. 제가 누누이 강조하지만, 그리스도인은 베푸는 것을 목적으로 삼아야 합니다.

　우리는 종종 하나님께 우리 교회가 복 받게 해달라고 기도하는데, 교회는 복 받는 곳이 아닙니다. 오히려 교회는 주님께서 주시는 복을 사회에 나누어주는 곳이 되어야 합니다. 따라서 복 받기 원하는 교회는 잘못된 교회입니다. 우리 교회가 주님의 복을 사회에 나눠줄 수 있는 원천이 되어야 하는데 저 분들은 그것을 착각하신 거지요.

사실 그런 생각을 하는 것이 인간이고 그것이 나약한 존재 인 인간의 한계이긴 합니다. 성경을 보면 그런 베드로도 실수 했지 않았습니까? 그래도 우리 예수님의 말씀은 그 실수는 너 의 인생관과 가치관이 되지는 못한다는 것입니다. 거기에 끼 어드는 것이 나만 정의롭고 나만 옳다는 생각이에요. 그런데 정의를 사랑으로 감쌀 수 있는 것이 바로 신앙입니다. 안타깝 게도 그리스도인들조차 잘못과 실수를 사랑으로 감싸주지 못 합니다.

남자 입장에서 보면 젊었을 때는 어머니의 사랑으로 살고 나이 들어서는 아내의 사랑으로 산다고들 합니다. 그 사랑이 없으면 가정은 존재할 수가 없습니다. 그런 맥락에서 교회는 사회에 대해서 어머니와 아내의 구실을 해야 합니다. 그래서 사랑을 더 많이 베풀고 안식을 주어야 합니다. 우리가 그런 책임감을 느끼면 이 사회도 교회도 좀 더 나아질 것입니다.

결론적으로, 불교신자들은 인생은 고해와 같다고 했는데 그 말을 바꿔서 하면 사랑이 없는 인생이야말로 고해입니다.

사랑이 있는 인생은 고해가 아닙니다. 저는 그리스도인이기 때문에 이렇게 말할 수 있습니다. "사랑이 있기 때문에 고생의 짐을 져도 행복하다." 아들딸을 위해서도 그렇고, 저 자신을 위해서도 그렇습니다. 행복한 의사는 바로 조금 어렵더라도 환자를 정말 사랑하는 의사입니다. 사랑이 있는 고생보다 더 행복한 건 없다는 것. 그것이 우리 인간관계의 행복입니다.

예수님의 말씀을 우리가 받아들이고 살아보고 체험해보면 사랑이 무엇인지 깨닫게 됩니다. 미안한 말이지만, 저는 예수님의 사랑을 좀 더 깨닫기 위해서 한 10년은 더 살고 싶습니다. 그러면 더 깨달을 수 있을 것 같습니다. 왜냐하면 자꾸 그 사랑이 느껴지기 때문입니다. 그래서 여러분도 사랑이 있는 고생이 인간관계에 가장 중요한 예수님의 뜻이라는 생각을 하면서 신앙생활을 하길 바랍니다.

9강 ::

인생은
선택이다

인생의 모든 선택은
하나님의 섭리

지금 생각해보면 내 인생에서 가장 탁월한 선택은 김태길, 안병욱 선생을 친구로 둔 것이라고 생각합니다. 그것이 아마도 행복의 가장 큰 원천이었다고 말할 수 있을 것 같습니다.

안병욱, 김태길 교수와의 인연은 우선 우리 모두 같은 철학 계통이라는 점에서 시작됩니다. 그분들과 같이 지내온 50여 년이 인생에서 가장 보람 있는 시간이었습니다. 어머니가 세상을 떠나시고 아내마저 세상을 떠나니까 집이 비어 있는 것 같다는 느낌이 들었는데, 50년 동안 가까이 지내온 두 친구가 세상을 떠나고 나니까 세상이 비어 있는 것 같았습니다. 그리고 그분들이 못다 한 일들을 제가 대신 해야 한다는 무거운 짐도 느껴졌습니다. 그분들과의 우정의 열매 덕분에 인생이 알찼고 그 두 분을 빼놓으면 내 인생에서 제일 중요하고 행복했던 부분이 사라지는 것 같다는 생각을 해봅니다.

세상은 내가 선택한 대로 되는 것은 아닙니다. 또 내가 선택하지는 않았지만, 더 좋은 결과를 얻는 때도 있습니다. 이런 결과는 세상 사람들에게는 자신의 선택에 따른 것이지만, 우리 신앙인들에게는 하나님의 섭리였다고 할 수 있습니다. 섭리란 무엇일까요? 처음에는 자신의 자유의지대로 일이 진행되는 것으로 알았는데, 나중에 결과를 놓고 보니까 자신도 모르는 어떤 뜻이 있어서 자신을 이끌어주었다는 것을 알게 될 때 그 뜻을 섭리였다고 합니다.

분단의 세월을 살아온 우리 세대는 선택이라는 문제를 뼈저리게 경험한 세대입니다. 앞에서 얘기한 대학 시절의 친구들 중 허군은 장로의 아들이고, 박군은 목사의 아들이었습니다. 다들 기독교 학교에서 자라고 대학도 그런 계통을 나온 참 좋은 친구들이었습니다.

내가 일본서 학도병 문제로 고민할 때 허군이 있는 만주로 피신을 가면 어떨까 하는 생각을 하다가 잠이 들었는데, 전에는 안 보이던 친구가 꿈에 나타나더니 이곳은 더 위험하니까 이리로 오지 말고 그냥 거기 있으라고 말했습니다. 신기한 꿈이었지만 그 정도로 각별한 사이였지요. 그런데 그 두 친구가 모두 공산주의자가 돼서 북쪽에 그냥 남게 되었습니다.

특히 박군은 이름이 박치원이었고 그의 형님이 박치우 씨라는 분인데 당시 경성제국대학(현 서울대학교)에서 일본 학생들도 따라오지 못하는 한국인 수재 세 사람 중 하나였습니다. 수재 중 한 사람이 고려대학 총장을 지낸 유진오 씨이고, 다른 한 분은 공산주의자가 되어 이북으로 간 이강국 씨, 나머지 한 사람이 바로 박군의 친형 박치우 씨인데, 초등학교 때부터 서울대학 나올 때까지 둘째라고는 몰랐던 사람이었습니다. 늘 1등만 했거든요.

그런데 내 친구 박군은 아버지는 목사이고 형은 좌파 공산주의자이니 한국전쟁이 날 때까지 아버지 편으로 갈지 형 편으로 갈지 결정하지 못했습니다. 아버지를 따라서 기독교 신앙인으로 남느냐 아니면 형을 따라서 공산주의자가 되느냐를 고민하다가 결국은 형을 따라 이북으로 가는 길을 선택했습니다.

인생은 선택이다

다른 한 친구인 허군은 내가 삼팔선 넘어올 때 평양 공산당 선전부장을 맡고 있었습니다. 그렇게 가까웠던 친구인데 정치적으로 서로 반대 입장이 되고 나니까 만나면 대립하게 되었습니다. 나라 걱정을 해도 서로 생각이 달라 대립했으니 그렇지 않겠어요? 그 친구는 연안파인 김두봉 씨 밑에서 공산당원이 됐는데 김일성파와 서로 대립하다가 반혁명분자로 몰려 축출당했습니다. 당시 허군은 선전부장에서 공산당 학교 교수까지 지냈는데 그렇게 쫓겨서 아오지로 가게 되니까 그만 자살하고 말았습니다.

이렇게 한 친구는 월북하고 한 친구는 자살을 해서 서로 뿔뿔이 헤어지게 되었습니다. 박군은 아버지가 목사니까 아버지의 정신적 뒤를 따랐으면 서울에 남았을 텐데 그런 선택으로 북쪽으로 가게 된 것입니다.

한편 저는 그들과 똑같이 살았지만, 내 신앙이 나로 하여금 '너는 북쪽에 못 있을 것이다. 너의 신앙을 지키기 위해서는 북쪽에 남아 있을 수 없다'라고 마음을 움직여서 그 신앙을 지키기 위해 남한으로 왔습니다. 당시 나만 그랬던 건 아닙니다. 주월한국군사령관을 맡아 베트남전쟁에 참전했던 채명신

장군도 김일성에게 북에서 장군이 될 만한 사람이라고 같이 일하자는 권유를 받았지만, 그 역시 어머니 때부터의 신앙을 지키기 위해서 남으로 내려왔습니다. 그렇게 대한민국에 와서 다들 훌륭한 업적을 남긴 인물들이 되었습니다.

그렇게 절친했던 두 친구와 헤어지게 되니까, 친구도 내가 선택했다고 해서 영원히 관계를 이어갈 수 있는 것은 아니라는 생각이 들었습니다. 지금도 그 친구들을 떠올리면 마음이 무거워집니다. 좋은 친구들이었는데 정치적인 대립만 아니었으면 지금쯤 서로 왕래하며 얼마나 행복하게 살았을까요?

그렇게 친구 없이 쭉 지내다가 여기 와서 안병욱 선생, 김태길 선생을 만나서 같은 분야의 공부를 하니까 우정도 돈독해지고 학문적으로도 서로에게 많은 도움을 주었습니다. 이 두 친구는 정말 존경할 만한 좋은 친구들이었어요. 신앙인으로서 좋은 친구를 갖는다는 것도 하나님의 섭리라는 것을 새삼 느끼게 됩니다.

가룟 유다의
잘못된 선택

개인적인 차원에서 볼 때, 인생을 살면서 가장 잘못된 선택을 한 사람이 있다면 바로 가룟 유다입니다. 가룟 유다의 잘못이 무엇인가를 보는 시각이 신학자들과 성서학자들에 따라 조금씩 다르지만, 내가 보기에 가룟 유다는 예수님을 이용했습니다. 가룟 유다를 제외한 11명의 제자들은 고향과 친척이 있어서 서로 출신을 알았는데 가룟 유다만 일가친척도 없는 떠돌이었습니다. 당시 예수님이 다른 곳에 계시거나 제자들만 모여 있을 때면 다른 제자들이 가룟 유다에게 이것저것 물어봤을 것입니다. 그러면 그가 민족의 역사, 독립운동, 유대의 인물들을 설명하고 가르쳤겠지요. 내 나름대로의 해석이긴 한데, 그렇게 보면 가룟 유다는 대단히 지혜롭고 아는 것도 많은 인물이었던 셈입니다.

그럼 그가 왜 예수님을 따라다녔을까요? 여기저기 다른 독립운동가들을 따라다녀 봐도 희망이 없는데 예수님한테는 많은 무리가 따르니까 자신의 목적을 실현할 수 있을 것이라고 판단했기 때문입니다. '저 예수와 더불어 있으면서 독립운동을 하고 새로운 왕국을 건설하면 나한테 한자리 오지 않을까? 내 뜻이 이루어지지 않을까?' 하는 속셈이 있었던 것입니다. 한마디로 그는 나쁘게 말하면 떠돌이고 좋게 말하면 애국지사였습니다.

그런데 가룟 유다가 예수님 가까이에서 계속 따라다니다 보니까 자기가 생각하던 예수님과는 거리가 있었습니다. 예를 들어 디베랴 바닷가에 5천 명이나 모였는데 이런 때를 이용해서 만세도 부르고 데모도 하면 좋을 텐데 예수님은 모였던 무리를 다 돌려보내시거든요. 예루살렘으로 갈 때까지 따라다닌 가룟 유다는 예수님의 뜻과 자신의 생각이 맞지 않는다는 것을 확신하게 되었습니다. 결국 그는 고민 끝에 '만약 예수를 죽음의 순간에 몰아넣으면 그때는 같이 정치운동하자는 내 말을 들어줄 것이다'라고 생각하고 예수를 은 30에 팔았습니다. 당시 은 30이라는 돈은 막달라 마리아가 예수님 발에 기름 부은 기름 값에 10분의 1도 안 되는 액수였습니다. 그러니까 그가 돈 때문에 예수님이 계신 곳을 발설한 건 아니었습니다. 다만, 예수를 자신의 독립운동에 이용하려고 했던 것입니다.

인생은 선택이다

종교적으로 볼 때 거룩한 것을 속된 것에 이용하는 것은 잘못된 일입니다. 그것은 지금도 마찬가지입니다. 그래도 가룟 유다에게는 용서받을 기회가 있었습니다. 예수님이 십자가에 못 박히셨을 때 '아, 내가 잘못했구나. 스승을 파는 게 아니었구나' 하고 그때라도 예수님의 십자가 밑에 가서 "주님 제가 잘못했습니다. 제 선택이 잘못됐습니다" 하고 죄를 고백했으면 용서받을 수 있었을 텐데 '내 책임은 내가 진다'라는 생각에 끝까지 용서를 구하지 않았습니다. 그러다 결국에는 자살을 선택했습니다.

　'내 책임은 내가 진다'는 사고방식이 제일 지혜롭고 정의롭고 올바른 것 같지만, 신앙인에게는 올바른 생각이 아닙니다. 신앙인은 '내 책임을 내가 지는 것'이 아니라, 어떤 책임도 대신 해결해줄 분에게 맡기면 되는 것입니다. 그분을 거부하면 안 됩니다. 따라서 가룟 유다처럼 예수님의 사랑을 거부한 것이 제일 잘못된 선택이라고 할 수 있습니다. 우리도 인생을 살다보면 때때로 그런 잘못된 선택을 합니다. 우리 기독교에서 자살을 죄라고 보는 이유가 바로 거기에 있습니다. 자살은 인간적인 교만이거든요.

선택의 중요성은 민족과 국가적 차원에서도 마찬가지입니다. 국가 지도자나 정치 책임자가 잘못된 선택을 하면 온 국민이 불행해집니다. 예를 들어 200년 전의 프랑스 혁명을 보면 국가적 선택이 얼마나 중요한가를 알 수 있습니다. 역사가들이 프랑스 혁명을 가리켜 '위대한 혁명이다, 세계 역사를 바꾼 혁명이다'라고 하니까 저도 교과서에서 배운 대로 위대한 혁명인 줄 알았습니다. 그런데 나중에 파리 여행을 하면서 가이드가 안내하는 내용을 들어보니까 정말 이것처럼 비참한 혁명이 없었습니다. 너무 많은 사람이 피를 흘리고 희생당한 정말 비참한 혁명이었습니다.

왜 그렇게 비참한 혁명이 되었을까요? 제가 중고등학교 다닐 때 세계사 교과서에 프랑스 혁명 때의 신문 만평이 실렸었는데, 그림의 내용이 프랑스 혁명의 원인을 잘 표현하고 있었습니다. 삐쩍 마른 농부가 지게를 지고 있는데 그 지게 위에 피둥피둥 살찐 세 사람이 올라타 있는 그림이었습니다. 한 사람은 왕족이고, 한 사람은 귀족이고, 한 사람은 신부였습니다.

그 그림 밑에 '이 농부가 이 무거운 짐을 견딜 수 있겠는가?'라고 씌어 있었습니다. 결국 무거운 세금과 굶주림에 시달리던 민중이 더 이상은 못 살겠다고 혁명을 일으켰고 그들은 자유와 평등과 박애를 달라고 요청했습니다. 자유·평등·박애라는 가치가 그 혁명을 통해 나왔지만, 사실 그것은 기독교 정신입니다. 우리 기독교에서 그것을 빼면 기독교가 존재할 필요가 없습니다. 마르틴 루터가 종교개혁을 일으켰는데 종교개혁의 원천이 양심의 자유였습니다.

그 당시 프랑스는 천주교 국가였습니다. 하지만 천주교라는 종교 아래 교회는 있었지만, 진정한 기독교 정신은 없었다고 해도 과언이 아니었습니다. 기독교 정신은 혁명하는 사람이 가지고 있고 교회는 그 정신을 버렸던 셈입니다. 국가가 기독교 정신을 가지고 그 이념을 실천했어야 했는데 그러지 못했습니다.

또 공산주의 국가가 된 러시아를 봐도 선택의 중요성을 알수 있습니다. 러시아는 오랫동안 동방정교의 한 분파인 러시아정교를 국교로 삼은 나라였습니다. 어느 누구도 러시아정교의 역사가 그렇게 긴데 하루아침에 공산주의 국가가 될 수 없다고 믿었는데 결국 돼버리고 말았거든요. 왜 그렇게 됐을까요? 기독교 정신은 사라지고 종교가 몹시 부패했기 때문이었습니다. 당시 러시아의 가난한 농부들이 의지할 데가 없으니까 교회를 향해 우리에게 먹을 것을 달라, 가난에서 벗어나게 해달라고 요청했습니다. 그런데 교회에서는 오히려 십일조를 내라고 하면서 그들을 외면해버렸습니다. 결국 공산주의가 들어오니까 가난한 사람들이 다 그쪽으로 가버리고 말았습니다.

중요한 것은, 큰 교회가 많은 나라가 선진국가가 되고 잘사는 나라가 되는 것이 아니라, 제대로 된 기독교 정신을 가진 나라여야 그렇게 된다는 것입니다. 교회가 예수님의 정신을 버리면 아무리 큰 교회가 많아도 그 나라에 도움이 되지 못합니다. 우리 기독교계가 지금 걱정하는 것도 그런 문제입니다.

프랑스에서는 그처럼 비참한 정치혁명으로 온 나라가 깨졌는데 그보다 앞서 산업혁명을 겪은 영국은 어땠을까요? 영국은 프랑스보다 더 일찍 경제적으로 어려웠는데 왜 그런 비참한 혁명을 겪지 않았을까요? 영국의 국교는 천주교가 아니라 성공회(영국 국교회)였기 때문이었습니다. 영국에는 성공회 외에도 스코틀랜드에서는 장로교가, 잉글랜드에서는 감리교가 생겼고 빈민가에서는 구세군이 나왔거든요. 영국의 이 네 교단들은 천주교가 아니라 개신교였습니다. 당시 개신교는 천주교보다 기독교 정신을 더 철저히 지키고 있었다고 할 수 있습니다.

다시 한 번 개인은 물론이고 국가나 사회 역시 올바른 선택을 해야 한다는 것을 강조하지 않을 수 없습니다.

선택의 기준을
어디에 두어야 할까

그럼 교회생활이나 가정생활 등 개인적인 생활과 관련해서 뭔가를 선택할 때 그 기준을 어디에 두어야 할까요? 선택의 기준을 얘기하려면, 사람으로 태어나 누구나 한 번쯤 고민해봤을 질문, 즉 '사람은 무엇을 위해, 어떻게 살아야 하는가?'에 대해 생각해보아야 합니다. 석가도, 공자도 그 문제를 가지고 평생을 고민했어요. 기독교 역시 그 질문에 답을 제시해주려는 종교이고요. 철학, 문학 같은 인문학의 목표도 그 문제를 탐구하기 위한 것 아닙니까?

'사람은 무엇을 위해 살아야 하느냐?' 하는 문제는 한마디로 인생의 목적이 무엇이냐, 즉 목적을 선택하는 문제이고,

'어떻게 살아야 하느냐?' 하는 문제는 삶의 방법이 무엇이냐, 즉 방법을 선택하는 문제입니다.

그런 선택과 관련하여 가장 잘못된 선택을 하는 사람들은 '소유가 인생의 목적'이라고 여기는 사람들입니다. 소유가 삶의 목적인 사람들은 옛말에도 있듯이 '인간은 빈손으로 왔다가 빈손으로 간다'는 진리를 모르는 사람들입니다.

기업의 최고경영자들이 기업가로서 실패한 원인은 어디에 있을까요? 기업은 개인 소유가 아니라 다 나눠주게 돼 있는데 그것을 무시하고 개인적으로 비자금 조성하고 따로 빼돌리기 때문에 실패할 수밖에 없는 것입니다. 정치가들 역시 권력을 소유하기 위해 서로 헐뜯고 싸우는 일이 다반사입니다. 그런 모습을 보면, 역시 사람은 어리석다는 것을 느끼게 됩니다. 자신이 소유욕의 노예가 되는 줄도 모르고 그런 일을 하니까 어리석을 수밖에요. 정치가는 정치를 통해 사회에 봉사하고, 학자는 학문으로 사회에 기여하고, 예술가는 예술을 통해 사회에 영감을 주게 돼 있는데, 자기가 가지려고 하면, 결국 남는 것은 가져도 가져도 채워지지 않는 욕망뿐입니다. 인간이라면 누구나 빈손으로 가게 돼 있습니다. 신앙인인 우리는 그런

인생은 선택이다

생각에서 벗어나야 합니다.

역사가들이 정치권력의 무상함을 얘기할 때 자주 예로 드는 사람이 알렉산더 대왕과 로마의 율리우스 카이사르입니다. 로마에 가면 관광 가이드가 팔라티노 언덕 위에서 기둥만 몇 개 서 있는 아래쪽 포로 로마노 유적지를 가리키며 저곳이 옛날 로마 원로회의 장소였다고 소개합니다. 그리고 2천 년 전에 율리우스 카이사르가 암살당한 장소도 소개해줍니다. 그런데 율리우스 카이사르가 암살당한 사건에 대한 얘기를 듣다 보면 정치권력에 대해 다시 한 번 생각해보게 됩니다.

카이사르가 전쟁에서 승리해서 속국을 다 점령하고 돌아온 뒤 로마의 최고지도자가 됐습니다. 지도자로서 로마를 다스리며 각종 개혁을 실시하고 시민들의 인기를 한몸에 얻자 황제가 되고 싶은 마음이 생겼습니다. 로마는 공화국이기 때문에 자기 마음대로 할 수 없으니까 공화국이 아닌 왕국을 만들겠다는 속셈이 있었던 것입니다.

원로원의 카이사르 반대파들은 카이사르가 황제가 될까봐 두려워했습니다. 그들은 공화국인 로마법에 따르면 지도자는 자신들이 뽑아야 하는데 카이사르가 독재를 휘두른다며 원로회의 때 카이사르를 죽이기로 합의했습니다. 그래서 원로회의가 소집된 날 다들 몸속에 단도를 숨기고 카이사르가 오기를 기다렸습니다. 그런데 시간이 돼도 카이사르가 나타나지 않자 자신들의 계획을 눈치 챈 것이 아닌가 걱정하며 원로원의 한 사람을 보내 카이사르를 불러오게 했습니다. 마침 카이사르는 불길한 꿈을 꾸었다는 아내의 말을 듣고 외출을 삼가고 있었는데, 그를 데리러 간 원로원 사람이 머리를 써서 카이사르를 왕으로 추대하려고 한다고 거짓말을 했습니다. 그 말에 기분이 좋아진 카이사르가 집을 나서서 원로회의에 참석하려고 가는 도중 폼페이우스 대극장 회랑을 지날 때 한 무리의 원로원들에 둘러싸여 그들이 찌른 칼에 결국 무참히 살해당했다고 합니다.

지배하는 삶과
섬기는 삶

정치권력을 노리는 사람들은 대부분 결말이 비극적으로 끝나게 됩니다. 그러면 어떤 사람이 정치권력에 연연하지 않을까요? 지배하는 사람이 아니고, 섬기는 사람입니다. 우리

인생은 선택이다

나라의 정치가들 중에도 그런 사람들을 볼 수 있어요. 정권에 욕심이 있는 사람은 카이사르 같은 신세가 될 수도 있습니다. 그런 사람은 진정 나라를 걱정하는 지도자는 아닙니다.

정치권력 역시 마음의 선택의 문제입니다. 겉으로는 좋은 얘기 하면서도 속으로는 정권에 욕심이 있는 사람은 대통령이 되면 안 됩니다. 자기 권력욕만 내세울 것이 아니라 나라를 위해 양보할 줄도 아는 사람이 대통령이 되어야 합니다. 대통령이 되기 위해서 수단과 방법을 가리지 않는 사람, 이렇게도 얘기하고 저렇게도 얘기하는 사람은 자격을 의심해봐야 하지만, 비록 대통령이 안 되더라도 정당하게 투표해서 나라를 위해 애쓰는 사람에게 정권을 양보할 수 있는 사람은 대통령이 될 자격이 있습니다.

세계를 다녀보면 유명인사의 무덤 가운데 제일 화려한 무덤은 프랑스의 황제 나폴레옹의 무덤이고, 제일 초라한 무덤은 미국을 건국한 조지 워싱턴의 무덤입니다.

미국의 초대 대통령을 지낸 조지 워싱턴은 재임 요구를 거절하고 4년의 임기를 마친 후에 버지니아주 마운트 버넌 농장으로 가서 지냈습니다. 미국은 영국의 전통을 따르는 나라니까 영국이 묘소 쓰는 관례에 따라 조지 워싱턴도 사후에 그렇게 되었으리라 짐작하지만 의외로 그의 무덤은 정말 볼품없고 초라했습니다.

영국은 국가적으로 공로가 큰 사람들은 성당 안에 묘소를 만듭니다. 런던에 가보면 성공회의 가장 대표적인 예배당인 웨스트민스터 성당 지하실 전체가 왕족 무덤입니다. 또 평민 가운데 가장 많은 업적을 남긴 사람은 성바울 성당 지하 무덤에 묻히는 식입니다. 그런 관습에 따라 조지 워싱턴이 세상을 떠나면 국회 의사당 안에 묘소를 마련하기로 돼 있었습니다. 다들 당연히 그렇게 알고 있었는데, 조지 워싱턴이 자신을 국회의사당에 묻지 말고 본인이 지정한 곳에 묻어달라는 유언을 남겼습니다. 그곳은 바로 자신의 농장 집 왼쪽 돌무더기 언덕이었다고 합니다. 그의 유언에 따라 그의 고향 땅에 그의 무덤이 만들어졌습니다.

역사적으로 그 둘의 업적을 비교해보면 아메리카는 조지 워싱턴 덕분에 민주주의 국가가 되었지만, 프랑스는 나폴레옹이 민생은 돌보지 않고 영토 확장 전쟁에 국력을 쓰는 바람에 고통스러운 역사를 겪었습니다. 프랑스의 세계적인 사회과학

인생은 선택이다

자 오귀스트 콩트가 "로마의 네로 황제나 프랑스의 나폴레옹 같은 사람은 세상에 다시 태어나면 안 된다"고 말할 정도였습니다. 그 역시 프랑스 사람인데 그렇게 말한 이유는 나폴레옹 같은 사람이 많아지면 세계 전쟁이 일어날 것이 뻔하기 때문입니다. 반면 워싱턴 같은 사람은 나라를 세우고 기독교 정신으로 다스렸습니다. 그는 섬기는 사람이었던 것이지요.

마운트 버넌 농장에 가보면 창고 자리에 워싱턴이 읽던 여러 권의 성경책과 그가 쓰던 물건들이 전시되어 있습니다. 그가 기독교 정신으로 아메리카를 건설했다는 것을 상징적으로 보여주는 것입니다. 또 조지 워싱턴의 일화를 소개하는 방송도 들을 수 있는데, 워싱턴이 대통령 임기를 마치고 농장에 와 있을 때 손님들이 찾아와 '대통령님'이라고 부르면 자신을 대통령이 아닌 농부, 즉 파머로 불러달라고 했다는 얘기가 나옵니다. 대통령은 지금 워싱턴의 백악관에 계시고, 나는 농사짓는 농민으로 있으니 그렇게 불러달라는 뜻이지요.

필라델피아의 올드시티에 있는 미국독립혁명박물관에 가보면 미국 초창기에 조지 워싱턴을 비롯해서 벤저민 프랭클린 등이 아주 철저한 기독교 정신 아래 나라를 이끌어간 것을 확인할 수 있습니다. 미국이 지금까지 200여 년 동안 세계적인 나라로 성장할 수 있었던 것은 그들의 기독교 정신 덕분입니다.

무엇을 위해, 어떻게 살 것인가 하는 선택의 문제에서 소유를 목적으로 삼고 산 사람은 결국 수중에 남은 것 없이 빈손으로 가지만, 봉사하고 섬기기로 선택한 사람은 이 땅에서 천국을 실현하려는 흔적을 남기게 됩니다.

소유를
나눔으로 바꾸는 삶

목사님이나 교수님이 가장 빠지기 쉬운 욕망이 명예욕입니다. 최근 논문 표절 문제로 사회가 시끄러운데 대부분 박사 학위나 어떤 자리를 얻기 위해 그렇게 한 것 아닙니까? 다 명예욕 때문이지요. 장로님, 교수님, 목사님들 중에 명예를 대단히 중시하는 사람들이 많습니다. 하지만 오래 살아보면 그것이 얼마나 허황된 것인가 깨닫게 되는 때가 옵니다.

한번은 안병욱 선생, 김태길 선생과 함께 차를 마시다가 '인생에서 계란의 노른자 같은 나이가 언제였을까?' 하는 얘기가 나왔습니다. 계란에는 노른자가 있어서 계란 구실을 하는데, 인생도 그렇게 계란의 노른자처럼 행복하고 알차고 보람 있는 때가 있었을 테니까요. 80이 넘도록 살아보니까 김태길 선생의 마지막 도서가 76세에 나왔고, 철학에 관해 쓴 나의 책도 70대에 나왔거든요. 이리저리 생각해보니 계란의 노른자 같이 인생에서 제일 행복한 나이는 60~75세였던 것 같았습니다. 다들 그때가 제일 좋은 시절이었다는 결론에 동의했습니다.

그때는 어디가도 부끄럽지 않고, 후배들에게도 좀 떳떳했습니다. 그렇게 생각하게 된 원인은 나이 60이 넘으면서 명예욕이 없어졌기 때문입니다. 가수나 탤런트들은 대중의 박수갈채와 칭찬으로 인기를 얻어야 하지만, 교수들은 인기를 얻고 박수 받으려고 애쓸 필요도 없고 그렇게 해서도 안 됩니다. 대통령도 그런 명예욕에 빠지면 안 됩니다. 나라와 국가가 잘되면 그것으로 자신이 잘되는 것이지 다른 것을 통해서 잘되려고 하는 것은 잘못된 것입니다.

그럼 어떻게 살아야 할까요? 소유하려는 마음을 전부 주려는 마음으로 바꿔야 합니다. 재산도 나눠주고, 명예도 사회에 내놓으면 자연스럽게 존경받게 됩니다.

가이사의 것과 하나님의 것을 구별하는 문제는 이렇게 생각해보면 좋겠습니다. 그것을 이분법적으로 가를 것이 아니라 현재는 하나님의 것과 가이사의 것이 다 함께 있으니 우리가 하나님의 것으로 세상 것을 바꿔나가야 한다는 것입니다. 그 일은 우리 신앙인들의 책임이기에 하나님의 뜻에 의해서 세상 것을, 즉 가이사의 것을 하나님의 것으로 바꾸려고 노력해야 합니다.

구약에서는 무엇을 위해서, 어떻게 살 것인가의 문제에 대해 말하면서 하나님을 위해서 인간은 버림받아도 괜찮다, 그러니 안식일에는 절대 아무 일도 하지 말라고 명령했습니다. 하지만 예수님이 오셔서 율법을 중시하는 상황을 바꾸셨을 뿐만 아니라 하나님의 뜻대로 이웃을 사랑해라, 즉 사랑의 대상을 하나님에게서 이웃으로 바꾸셨습니다. 네 이웃을 네 몸과 같이 사랑하라는 말씀을 하신 것도 그런 맥락이고요. 그래서 이웃을 사랑하는 것은 곧 하나님을 사랑하는 것이나 다름없는 것이죠.

미국 LA에 가면 리버사이드 시티라는 중소도시가 있어요. 그곳 시청 앞 공원에 동상 세 개가 있는데 맨 앞이 흑인 인권운동을 하다가 암살당한 마틴 루터 킹 목사의 동상이에요. 그

인생은 선택이다

목사님의 삶을 가만 보면 소중한 것을 지키기 위해 그가 선택한 것은 무엇이었을까 하는 생각을 하게 돼요. 그는 '내 목숨과 내 시간과 내 인생을 다 바쳐서라도, 즉 내 목숨보다도 더 소중한 것은 나와 같은 미국 흑인들의 자유와 인권을 찾아주는 것'이라고 주장하고 그것을 이루기 위해 투쟁하다가 희생당했어요. 그가 한 말 중에 "나에게는 꿈이 있다"는 말이 있는데 결국 그 꿈이 이루어져서 미국에서 흑인 대통령도 나오고 흑인 여자 국무장관들도 나왔잖아요. 그분은 흑인을 위해서 정말 모든 걸 바쳤어요. 그들을 사랑했으니까요. 그래서 자신의 목숨을 희생해서라도 흑인들의 인권과 인간적 존엄성을 지켜주고 싶었던 것이지요.

우리가 무엇을 위해서 어떻게 살아야 할 것인가를 생각할 때 사랑이 있는 고생이 가장 고귀한 것이고 예수님 또한 그렇게 사셨다는 것을 기억했으면 좋겠습니다. 그것이 우리가 나아가야 할 길이 되어야 하지 않을까 생각해봅니다.

10강 ::

기독교와
죄의식의 문제

인간의 역사는

범죄와 회개의 역사

제 인생에서 방향을 잡기 힘든 시절이 두 차례 있었습니다. 한 번은 대학생 때로 학도병으로 끌려갈 위기를 겪었던 것입니다. 당시는 일제강점기라 우리나라 정권이 없었으니 우리 대학생들이 다 억지로 끌려가야 했습니다. 그때 친구들은 물론이고 김수환 추기경도 학도병으로 끌려갔습니다. 당시 이 고비를 어떻게 넘기는가 하는 일로 무척 힘들었습니다.

또 한 번은 해방되고 한 2년 동안 북한에서 살았는데 자유도 빼앗기고 인간의 존엄성도 정치에 이용당하던 때였습니다. 그때 제가 가르치던 제자 한 명이 밤중에 나를 찾아와서 "선생님, 곧 잡혀갈 것 같으니까 피하시는 게 좋겠다"고 일러

줬어요. 그때 여기에 남아야 하는지, 피난을 가야 하는지 선택해야 했지요. 그런 때일수록 신앙을 가진 사람과 못 가진 사람의 차이점이 드러납니다. 신앙을 가진 사람은 '나보다 더 높은 뜻을 가진 어떤 분의 섭리가 있을 것이다' 생각하고 그 뜻을 받아들이게 됩니다. 그 어려운 고비를 넘겼기 때문에 자신의 인생이 한 단계 올라가고, 또 주님께서 함께해주셨다는 것을 체험함으로써 삶의 의미가 달라지지요. 그래서 서양 속담에 악마는 우리를 유혹하지만 하나님은 우리를 사랑하기 때문에 시련을 주신다는 말이 바로 신앙인들의 고백이라고 생각합니다.

회개는 사람이 자기 잘못을 뉘우치는 것입니다. 자기 죄를 어딘가에 고백해야 거기에서 벗어날 수 있지 혼자 간직하고 있으면 죄책감만 쌓일 뿐이거든요. 죄를 느끼고 회개할 때는 아주 조용한 시간에 혼자 앉아 하나님께 '제가 이러저러한 잘못을 저질렀는데 앞으로는 이렇게 하지 않겠습니다. 용서해주십시오'라고 기도를 드립니다. 그날은 주님께 고백하고 용서를 구하면서 하나님의 뜻을 받아들이는 경험을 하게 됩니다.

종교와 관련해서는 죄를 회개하는 것에 대한 얘기가 많습

기독교와 죄의식의 문제

니다. 불교도 그렇지만, 우리 기독교는 특히 더 그렇습니다. 또 성경에도 세례 요한이 등장하는 장면은 "회개하라"고 외치는 것으로 시작하지 않습니까? 그리고 구약에서부터 지금까지 그리스도인의 인생은 대부분 잘못을 저질렀다가 뉘우치고 회개하고 또 잘못을 저지르고 뉘우치고 회개하는 것의 반복임을 알 수 있습니다. 그렇게 회개하면 전과 같은 사람이 아니라 새사람으로 바뀌게 되는데, 그 내용에 따라 신앙의 척도가 좀 달라집니다.

그런데 우리는 교회에서만 사는 게 아니고 교회 밖에서도 살아갑니다. 그러므로 사회적으로 저지른 잘못도 회개하는 것이 맞습니다. 얼마 전에 우연히 기독교 계통의 신문을 보다가 어떤 사람이 '나는 사회적으로 보면 큰 잘못을 저지른 것이겠지만, 신앙인으로서는 내 양심에 부끄러움이 없었다'라고 주장하는 기사를 보았습니다.

한번은 어떤 종교의 책임자가 학교를 운영하면서 부정입학을 허용해서 사회에 물의를 일으킨 적이 있습니다. 당사자는 자신의 학교가 재정이 어려워서 기부금을 받고 입학을 시켜준 것이지, 개인적으로 착복한 일은 전혀 없다고 주장했지요. 하지만 사회에서는 그것은 잘못이라고 지적했습니다. 왜 나하면 사회질서가 무너지기 때문이지요. 사회질서를 무너뜨리는 것은 죄입니다. 이렇게 한 사회에 살면서 종교적인 입장만 내세워 이중적인 생각을 하면 올바른 종교인이라고 할 수 없습니다.

마음 속 양심의 소리에 따르는 것

그럼 세상 사람들은 무엇을 죄라고 생각할까요? 불법, 즉 법을 어기는 것입니다. 비록 법이 잘못됐다고 하더라도 법은 법이기 때문에 그것을 어기면 죄를 짓는 것입니다. 그것은 그리스도인이건 아니건 마찬가지인데, 법을 어기지 않는 것은 인간이 선하게 사는 방법 중 가장 낮은 차원입니다. '법을 지켰으니 나는 죄인이 아니다'라는 말은 다른 잘못은 다 저질러도 단지 법만 어기지 않으면 죄가 아니라는 의미인데, 그건 재판을 받을 때나 하는 말이거든요. '나는 직접적으로 남의 것을 훔치지 않았으니 도둑놈은 아니다, 나는 강제로 남의 것을 빼앗지 않았으니 강도는 아니다. 따라서 죄인이 아니다'라는 말은 잘못을 측정하는 아주 낮은 차원의 잣대입니다.

사도 바울은 이렇게 말했어요. "그리스도인들이 세상에서 가장 하지 말아야 할 일은 교회에서 일어나는 문제를 가지고 세상에 가서 재판 받는 일이다." 교회는 선한 질서 속에서 살아가는 신앙인들이 모인 곳인데, 사회의 일반인들도 저지르지 않는 잘못을 교회가 저질러서 세상의 법에 따라 재판을 받는 일이 있어서는 안 된다는 뜻입니다. 왜냐하면 우리 신앙인들은 질서 사회에서 살지, 법 사회에서 사는 것이 아니기 때문입니다.

하지만 때때로 신문이나 뉴스에서 어떤 사람이 자신이 그리스도인이라고 인정하면서도 재판을 받으러 갈 때 자신은 죄를 짓지 않았다고 얘기하는 것을 보면 그럴 바에는 차라리 자신이 그리스도인이라고 밝히지 않는 것이 낫겠다는 생각이 듭니다. '나는 그저 사업하는 사람이다, 나는 정치가다'라고만 말했으면 좋겠어요. 자기 자신이 그리스도인이자 교육자라고 하면서 "나는 법에 걸릴 정도의 잘못은 안 저질렀다. 그러니 죄인이 아니다"라고 말하는 것은 아주 잘못된 생각입니다.

나는 이따금 정치지도자들이 "나는 법에 걸리지 않았으니까 죄인이 아니다"라고 말하면서 자신이 그리스도인이라고 밝히는 것을 보면 그들은 자기 위치를 모르는 사람이라고 밖에 생각할 수 없습니다. 그 사람들에게 "당신들, 법에는 걸리지 않았지만, 양심에는 걸리지 않았는가? 법보다 더 높은 잣대인 양심이 있지 않은가?"라고 물어보고 싶어집니다. 마음속 양심의 소리에 따르는 것과 법에 걸리지 않았다는 것이 어떻게 같을 수 있습니까?

제가 중고등학교 다닐 때 역사의 4대 성인을 공자, 석가모니, 소크라테스, 예수 그리스도라고 배웠습니다. 공자와 소크라테스가 우리에게 준 가장 큰 교훈은 "세상 법을 가지고 죄의 여부를 판단할 것이 아니라, 각자 양심에 따라 살아라"라는 것입니다.

소크라테스가 사형을 선고받았던 재판 기록이 제자들을 통해서 나왔습니다. 그는 재판정에서 이렇게 말했다고 합니다. "나는 다이모니온(영적 존재)을 믿고 있는데 그 다이모니온이 내 양심에 옳은 것과 옳지 않은 것에 대해 항상 얘기해주고 있다. 나는 그 음성을 어기고 살지 않았다. 법적으로 내가 사형을 당하는 것이 두려운 것이 아니라, 그 영적인 양심의

기독교와 죄의식의 문제

소리를 거부한 적이 없기 때문에 부끄럽지 않을 뿐이다. 오히려 세상 법과 세상 욕심에 의해서 나를 죄인이라고 판정내리는 당신네들이 잘못을 저지를 수는 있어도 나는 양심에 꺼리지 않는다." 그러면서 "만약 내세가 있어서 그곳에 가서 우리보다 더 훌륭한 분 앞에 선다고 해도 나는 떳떳하다. 나를 유죄로 판결하는 당신네들도 떳떳할 수 있는가?"라고 자신의 떳떳함을 주장했다고 합니다. 소크라테스가 인류 역사에서 존경받는 이유는 이처럼 법보다 훨씬 높은 양심에 비추어서 부끄럽게 살지 말라는 교훈을 남겼기 때문입니다.

또 공자는 죄에 대해 이렇게 가르쳤습니다. "모든 죄와 잘못은 인간관계에서 생기는데, 다른 사람에게 즐거움을 주고 행복을 나누어주고 함께 사는 것은 죄가 아니고, 다른 사람에게 고통을 주거나 예절을 지키지 않거나 불행하게 만드는 것은 죄다." 내 말에 오해 없기를 바라는데, 아무리 열심히 교회에 다니는 그리스도인이라고 해도 이웃과 다른 사람에게 피해와 고통을 주는 것은 죄입니다. 내가 교회에 다니기 때문에 다른 사람에게 고통을 주어도 용서되는 것은 아니라는 말입니다.

제가 신촌에 살다가 집을 좀 옮겨볼까 해서 평창동에 집을 보러 간 적이 있습니다. 그곳 복덕방에 가서 싸고 좋은 집 있느냐고 물었더니 "그런 집이 하나 있긴 한데, 변호사나 돼야 그 집 살 수 있지 다른 사람은 못 삽니다"라고 대답했습니다. 이유를 들어보니, 그 집에 전세로 들어온 사람이 너무 질이 나빠서 주인한테 자꾸 이것저것 요구하는 바람에 주인이 골치가 아파서 손해만 안 보면 되니까 싸게라도 팔아달라고 집을 내놨다는 것입니다. 말하자면, 그 집 사려면 법을 아는 변호사나 돼야 감당한다는 얘기였습니다.

그래서 "나는 변호사가 아니어서 그런 용기는 없다"면서 나오는데 복덕방에 같이 앉아 있던 다른 사람이 "전세 들어온 사람이 OO교회 장로라면서요?"라고 말했습니다. 들어보니 나도 아는 교회였습니다. 하긴 그 사람들의 얘기를 얼마나 믿을 수 있을지는 모르지만, 하여튼 그 세입자가 법을 아니까 그 주인을 괴롭혔던 것입니다. 이 복덕방 사람들은 그들과 아무 이해관계가 없는 사람들인데도 그 세입자를 나쁜 사람으로 여기고 있었습니다.

우리 그리스도인들은 사회생활하면서 '거짓말하지 마라,

남 비방하지 마라. 그것은 죄이니라'는 성경말씀을 명심해야 합니다.

성경에는 "남을 판단하는 것으로 네가 너를 정죄함이니 판단하는 네가 같은 일을 행함이라"(롬 2:1)라고 되어 있습니다. 어떤 사람이 죄인인지 아닌지는 사람이 판단하는 것이 아닙니다. 다른 사람 비방하고 욕하고 심판하는 것은 죄입니다. 목사님들이 설교할 때 이것은 너무 당연한 내용이라 거론하지 않는 것 같은데 거기서부터 시작해야 합니다. 우리가 소크라테스와 공자를 존경하는 이유는 '다른 사람에게 피해주지 말고 행복과 사랑을 주라, 선하고 아름다운 인간관계를 맺어라, 양심에 어긋나는 일은 하지 마라'라는 가르침 때문입니다. 사람이 더불어 살아가는 곳에서는 그것이 기본입니다.

공자님의 교훈은 유학으로 발전해서 교육의 좋은 지침이 되었는데 우리 조선 왕조에서는 유학이 교조주의로 빠지는 바람에 무너졌습니다. 어떤 가르침이건 형식적인 율법과 계명이 되지 않도록 아주 조심해야 합니다.

우리 기독교에서는 그런 가르침이 어떤 식으로 나타날까요? 모세의 율법을 보면 십계명이 있는데, 처음 세 가지 계명, 즉 '나 외에 다른 신들을 섬기지 마라. 우상을 만들지 마라. 하나님의 이름을 함부로 부르지 마라'는 하나님께 속한 것이고, 제5계명부터 마지막까지는 세상 어디에나 적용되는 교훈입니다. '부모를 공경하라. 살인하지 마라. 간음하지 마라. 도둑질하지 마라. 거짓으로 증언하지 마라. 남의 것을 탐내지 마라'라는 계명은 세상을 살아갈 때 적용되는 것입니다. 그리고 그 중간에 있는 제4계명 '안식일을 지키라'는 계명은 인간과 하나님이 연결되는 제일 중요한 계명입니다.

한국전쟁 때 부산으로 피난 가 있었는데 아주 보수적인 장로교회의 목사님한테 누가 이런 질문을 했습니다. "안식일에 버스 타고 교회 오는 것이 죄입니까? 죄가 아닙니까?" 그래서 교회에서 준 대답이 "안식일에 예배 드리러 올 때 버스 타는 것은 죄가 아니고 돌아갈 때는 죄가 되니 걸어가야 합니다"였습니다. 그런데 또 문제가 생겼습니다. 우리나라에 온 선교사가 배를 타고 출국해야 했는데 당시 정해진 날짜에 배를 못 타면 20일에서 한 달가량 기다려야 했습니다. 선교사가 배를 타야 하는 날이 공교롭게도 주일이었는데 미룰 수가 없어 그날 배를 타고 떠났더니 안식일에 배 탔다는 이유로 교회에서 논란이 일어났습니다.

예수님 당시에도 이런 식으로 율법이 인간을 자유롭지 못하게 얽매니까 예수님께서도 율법이 죄를 깨닫게 해주지만, 인간을 속박하면 안 된다는 입장을 보이셨습니다. 그래서 예수님도 율법주의자들을 책망하시고 안식일에 병 고치는 사역도 보여주신 것 아닙니까?

우리 그리스도인들도 인간을 위하고 섬기며 양심을 지키는 사람에게 "당신은 죄인입니다"라고 판단할 자격은 없습니다. 따라서 죄의 기준은 양심에 맞느냐 맞지 않느냐가 될 수 있는 것입니다.

루터가 종교개혁을 일으킨 지 500여 년이 되었는데, 그가 얻어낸 것이 신앙에서 주어지는 양심의 자유입니다. 그는 "인간으로서 탐구하던 자유는 한계가 있지만, 하나님의 말씀에 비추어 양심을 지키니까 자유가 있었다"고 고백합니다. 우리 개신교가 믿는 것이 바로 그런 신앙입니다. 다만, 문제는 양심이 어떤 때에 우리를 해방시켜주고 자유롭게 해줄 수 있는가 하는 것입니다.

제가 어렸을 때 겪었던 얘기입니다. 우리 앞 마을에 지방에서 오신 초등학교 선생님이 있었는데, 객지에 와서 외롭게 고생하며 살다가 친구가 하나 생겼습니다. 어느 날 친구가 잔칫집에 갔다가 술이 잔뜩 취해서 집으로 가는 길에 학교 운동장에 나와서 바람을 쐬고 있는 초등학교 선생을 발견했습니다. 그 앞을 지나가다 애들이 가지고 놀던 몽둥이를 들고는 다시 선생한테 왔습니다.

그러고는 평소에 초등학교 선생에게 열등의식이 있었는지 그에게 "너 나 속으로 무시하면 이것으로 한 대 얻어맞는다" 하면서 그 몽둥이로 엄포를 놓자 이 선생이 혹시나 실수하면 안 되겠다 싶어서 머리를 돌렸는데, 그만 그 친구가 휘두른 몽둥이에 머리를 맞고 뇌진탕으로 쓰러지고 말았습니다. 놀란 친구가 동네로 뛰어가서 사람들에게 자신이 실수로 사람을 쳤는데 병원에 데려가야 한다며 리어카를 가지고 와서 거기에 선생을 태워가지고 평양에 있는 병원까지 한 20리(약 8킬

로미터) 되는 길을 갔습니다.

그런데 그만 가는 도중에 선생이 죽고 말았습니다. 그 조용한 시골마을에 살인사건이 났으니 온 동네가 발칵 뒤집혔습니다. 이 친구는 너무 마음이 아파서 계속 "내가 친구를 죽였네" 하며 넋이 나가 있었습니다. 결국 재판을 받고 그 선생의 부모님들이 와서 "그 젊은이가 내 아들을 고의로 죽인 게 아니고 친구라니까 용서해주라"고 간청한 것이 참작되어 3년 반을 감옥에 들어갔다 나왔습니다. 하지만 동네 사람 보기 부끄럽고, 자기가 죽인 친구를 생각하면 견딜 수도 없어서 재산을 다 정리해가지고 이사를 갔습니다.

그곳에 가서도 외딴 집을 얻어 거의 숨어살다시피 했는데, 결혼해서 아들이 돌쯤 됐을 무렵, 그가 평양에 갔다오더니 시장에서 아내에게 주려고 사온 옷감을 꺼내놓고는 잠깐 나갔다온다며 나갔습니다. 그런데 날이 어두워졌는데도 안 들어오니까 그 부인이 걱정스러워 동네 어른들에게 찾아보자고 부탁했습니다. 다들 모여 웅성웅성 찾고 있는데 어떤 마을사람이 뒷산을 넘어오다 보니 전신주에 누가 목을 매고 죽었다며 빨리 올라가보자고 했습니다. 가보니 그 사람이었습니다.

장례를 치르려고 준비하던 그 부인이 "아마 그이는 이제 마음이 편할 것입니다"라고 말했습니다.

그 소식을 들은 나는 이런 생각이 들었습니다. '사람이 저지경이 되면 누군가 네 죄는 용서받았다며 구원해줬어야 하는데, 그 구원을 못 받았구나. 그렇지 못했으니 사람이 살 수가 없었겠구나.'

무거운 죄 짐에서
우리를 구원해주신 주님

그런 맥락에서 예수님께서 "수고하고 무거운 짐 진 자들아 다 내게로 오라. 내가 너희를 쉬게 하리라"(마 11:28)라고 하신 말씀은 누구를 위한 것인가 생각해보게 됩니다. 내가 아전인수 격으로 하는 말인지도 모르겠지만, 그 말씀은 공자님처럼 내 양심에 따라서 최선을 다해서 살려고 노력한 사람에게 주시는 말씀이라고 생각합니다. 그런 사람에게 주는 예수님의 교훈이자 위로의 말씀인 것입니다.

사실 제가 공자님을 존경하는 이유는 정치, 가정, 인간관계의 모든 무거운 짐을 당신이 지고서 그 문제를 풀어주려고 노력한 분이기 때문입니다. 그분은 우리보다 몇 배나 무거운 짐을 지고 산 사람이에요. 헌데 그런 사람에게 안식이 없고 자유가 없으면 인간이 사는 것이 모순일 수밖에 없습니다.

그럼 예수님은 어떤 분인가요? 그 모순을 해결해주시려고 오신 분입니다. 우리가 생각하는 죄는 세상 사람들과 마찬가지로 법과 그 위에 있는 양심을 거스르는 것입니다. 일반적으로 볼 때 죄는 무엇입니까? 윤리적, 도덕적으로나 종교적으로 볼 때 죄는 세상에 있는 악의 유혹에 빠지는 것입니다.

빛이 있으면 어둠이 있듯이 악은 어둠의 표상이고 그런 어둠은 우리 마음속에도 있고 사회 속에도 있고, 집단 이기주의 속에도 있습니다. 전쟁도 어둠이 지배하고 있고요. '주님의 기도'의 마지막이 "시험에 들게 하지 마옵시고 다만 악에서 구하옵소서"인 것에서도 알 수 있듯이 인간은 사는 내내 그 악의 유혹에 빠질 위험에 늘 처해 있습니다. 매일 악의 유혹을 받고 있는 셈이지요. '요만큼만 거짓말하면 나한테 도움이 되겠다'는 생각, 수단과 방법을 가리지 않고 욕심을 채우려는 정치가들의 권력욕, 그것이 다 악이고 악의 유혹입니다.

그리스도인이 바라보는 죄는 법적인 측면도 아니고 양심

적인 측면도 아니고 악의 유혹에 빠져서 악을 행하는 것입니다. 그러나 기독교의 죄는 죄로 끝나는 것이 아니라 우리에게 구원의 소식을 주기도 합니다. 구원이 있으니 용서가 있고 회개할 수 있는 것입니다.

여기서 더 큰 문제는 개인이 개인을 구원할 수 없듯이 인간이 인류를 구원할 수 없다는 것입니다. 전쟁무기를 자꾸 만들면서 평화롭게 살겠다고 하는 것처럼 어리석은 생각은 없어요. 나는 살고 상대방만 죽이겠다고 무인 무기 만드는 것, 또 한반도의 사드배치 문제로 온 나라가 시끄러운 것도 가만 보면 전 세계가 악을 향해 가고 있는 것이라고 할 수 있습니다. 서로 경쟁하듯 전쟁무기를 만들다 보면 결국 인류는 파멸할 수밖에 없습니다.

그만큼 지금 우리가 악을 향해 가고 있는데 이런 상황에서 어느 누가 인류를 구원할 수 있겠습니까? 그것은 불가능합니다.

그때 우리 기독교가 "하나님의 뜻과 말씀에 따름으로써 인간이 구원받을 수 있다"고 대안을 제시할 수 있습니다. 모든 인간이 그것을 따르지는 않을지라도 우리 그리스도인의 회

　　　　　기독교와 죄의식의 문제

망은 거기에 있습니다. 예수님은 우리에게 그 희망을 주실 수 있는 분입니다. 단 어떤 사람에게 줄까요? 늘 악을 버리고 선을 행하려고 애쓰는 사람, 이웃에게 고통을 주지 않으려고 노력하는 사람입니다.

앞에서 베르그송이 나중에야 세례를 받고 기독교 신자가 되었다는 얘기를 했지만, 난 그것을 보면서 '저 위대한 철학자가 결국은 믿는 바가 없이는 인류에게 희망이 없다는 결론을 내렸구나' 하고 생각했습니다. 그 믿음을 향해서 항상 회개하고 새로워지고 그 믿음을 지키려는 마음을 가지고 사는 것이 정말 참된 신앙인의 자세라는 것을 새삼 확인하게 되었습니다.

용서와
구원이라는 하나님의 계획

사도 바울이 이야기한 "쉬지 말고 기도하라"(살전 5:17)는 말의 의미는 잠도 자지 말고 기도만 하라는 것이 아니라 늘 기도하는 마음으로 살라는 것입니다. 그렇게 항상 죄책감을 느끼고 회개하는 마음으로 살 때 인류가 구원을 받고, 자신이 용서함을 받습니다. 그런데 우리는 지금 낮은 차원의 것을 가지고 다른 사람을 판단하면서 '넌 죄인이다' 혹은 '넌 죄가 없다'라고 말합니다. 아마도 예수님께서 우리가 하는 것을 보며 이렇게 말씀하실 것 같습니다. "내가 걱정하는 것은 너희가 율법에 얽매여 법으로만 사람을 판단하는 것이다. 그것보다 중요한 것은 인간의 양심이고, 인간의 양심보다 더 귀한 것은 용서와 하나님의 사랑이다." 하나님의 사랑이 제일 귀하고 그다음이 인간의 양심이고 그다음이 세상 사람들이 지켜야 할 법이라는 의미입니다.

그런 맥락에서 보면 우리가 살면서 죄의식이 없으면 안 되겠습니다. 그래서 교회에서 죄의 문제를 거론하는 것이지만, 낮은 차원의 죄를 가지고 왈가왈부하는 것은 지양해야 한다고 생각합니다.

또한 회개는 구원받는 문을 여는 것을 말합니다. 우리 앞에 하늘나라를 여는 문이 있는데, 그 문을 열고 들어가는 사람은 회개하는 사람입니다. 단테는 교만이 아닌 인간적인 겸손을 평안과 행복의 지름길로 보았는데, 사실 겸손한 사람은 자신의 잘못을 회개하는 사람입니다. 비록 바깥 사회에서는 "법

앞에서 떳떳하다. 양심에 비춰 부끄러움이 없다"고 얘기할지언정 하나님 앞에서는 "내가 너무 부족하고 책임도 못다 한 죄인"임을 고백할 수 있어야 합니다. 예수님의 마음과 그분이 하신 일을 저 자신과 비교해보면 저는 언제나 회개하게 됩니다. 그러니까 그리스도인은 항상 기도하고 회개하면서 살아야 합니다. 그것이 올바른 길입니다.

키에르케고르가 소개한 재미있는 비유가 있습니다. 그가 죽어서 늘 그리워하던 하나님과 예수님을 만나게 됐습니다. 저 멀리 하나님이 계시고 그 옆에 예수님이 계시면서 그에게 오라고 하시는 것입니다. 그래서 그리로 가는데 가는 길 한쪽 옆에 거울이 있어서 그곳을 지나가는 사람은 그것을 안 볼 수가 없었습니다. 그래서 그 거울을 보니 자기가 태어난 순간부터 지금까지 저지른 죄가 쭉 보이는 것입니다. 그 장면을 다 보고나서는 너무 부끄러워서 도저히 주님 앞에 갈 수가 없어서 어두운 데로 다시 돌아가겠다며 발길을 돌렸습니다. 그때 누군가가 와서 그 장면을 다 없애주면서 "이젠 다 없앴으니 나에게 오라"라고 말해줍니다. 그 말씀을 듣고 다시 주님 앞에 가게 된다는 얘기입니다.

이것은 그리스도인의 회개에 대한 정말 적절한 비유입니다. 주님께서 "내가 너의 죄를 씻겨주기 위해 십자가에서 이미 다 용서했다"고 말씀하셨다는 의미로 이해하면 될 것 같습니다. 그런 구원을 받지 못했다면 다시 어두운 데로 가야겠지요. 지옥에 가서라도 숨어야 합니다. 이것은 그리 어렵게 생각할 문제가 아닙니다. 우리 신앙인들 중에 어떤 사람은 그것을 작게 느끼고 어떤 사람은 크게 느끼는 것뿐이지 그리스도인이라면 누구나 느끼며 살고 있습니다. 죄의식의 문제도 그런 맥락에서 받아들이면 좋겠습니다.

신앙과
문제의식

문제의식을 가진 사람이

성장한다

한 40년 전에 개인적으로 볼일이 있어서 대구에 갔다가 연세대학교 사학과를 졸업한 제자를 만났습니다. 이런저런 얘기를 하다가 그 제자가 "4년 동안 대학에 다니면서 책 읽고 강의도 들었는데 사회 나와서 긴 세월이 지나고 나니까 다 잊어버리고 기억에 남는 게 하나도 없습니다. 또 강의보다 채플시간에 가서 설교 들었던 것이 아주 인상 깊었는데 그것도 지금 생각해보니까 머릿속에 떠오르는 내용이 별로 없습니다"라고 말했습니다.

그래서 제가 "이상하다. 나는 대학에 다닐 때 강의 들었던 내용, 책에서 읽었던 내용을 지금까지 다 기억하고 있는데 자네는 그렇게 빨리 잊어버렸는가?"라고 말했더니 "선생님은 워낙 기억력이 좋으시잖아요"라고 대꾸했습니다. 그래서 제가 기억력이 좋아서가 아니라 대학생 때 나름대로 문제의식이 있었기 때문이라고 말해줬습니다. 인생을 살아가면서 이러저러한 문제의식을 가지고 있으니까 강의를 듣거나 책을 읽는 것이 그 문제를 해결하기 위한 공부로 연결되고 그러다 보니 그 문제가 더 높은 문제로 확대되어 서로 연결되었던 것입니다. 그러니 기억에 남을 수밖에요.

제가 대학에서 많은 제자들을 가르쳐보니 대부분의 학생들이 열심히 강의 듣고 공부를 하긴 하는데 문제의식이 없었습니다. A학점 받은 것, 장학금 받은 것 자랑하지, 대학 다닐 때 인생의 문제를 깊이 고민하며 살았다고 자랑하는 사람은 못 봤습니다. 그런 문제의식이 없었으니까요. 저는 종종 제자나 후배들한테 "대학에 다닐 때 아무 문제의식도 없이 공부하다가 A학점 맞고 졸업하면 그 사람은 사회에 나가서 그저 사회 분위기가 흘러가는 대로 따라갈 수밖에 없다. 왜냐하면 내 문제가 없었으니까. 사회를 이끌어가는 사람들은 공부 잘하는 사람, A학점 받은 사람이 아니고 문제의식을 가지고 산 사람이다. 문제의식이 있는 사람이 사회에 진출해 지도자도 되고 자기 책임도 잘 감당하게 된다"고 말해줍니다.

그 제자가 채플시간이 대단히 인상 깊긴 했지만 지금 기억에 남는 내용이 없다고 말한 것도 이유가 있습니다. 대학에 들어왔다면 적어도 자신의 인생관이나 가치관을 형성하는 데 관심을 기울이고 자기 나름의 의식도 확립해야 하는데, 그런 것과 무관하게 살면 채플시간에 열심히 나가 설교 많이 들어도 의미가 없습니다.

그런 의미에서 제가 대학에서 가르칠 때 학생들에게 다음과 같은 얘기들을 자주 해주었습니다.

첫째, 문제의식을 가지고 대학을 다니는 사람과 문제의식 없이 대학을 다니는 사람은 지금 당장이야 별 차이가 없겠지만 이다음에 어떤 사람이 되어 있는지를 보면 큰 차이가 난다. 그러니 다들 문제의식을 가지기를 바란다.

둘째, 대학생활 4년 동안 자신의 인생관과 가치관을 확실히 확립해야 한다. 대학 다니는 동안에 그런 기회를 가지지 못하면 이다음엔 기회가 쉽게 오지 않는다. 그리고 인생관과 가치관을 찾는 데 긴 세월이 걸린다. 꼭 그 기회를 잡길 바란다.

교회에 가는 것도 마찬가지라고 생각합니다. 어떤 문제를 가지고 교회에 가는 사람은 교회를 통해서 그 문제가 하나하나 해결되면서 자신의 신앙과 인생을 성장시킵니다. 아무 문제의식도 없이 그저 시간이나 때우러 왔다갔다 하는 것은 신앙 성장에 아무 도움도 되지 않습니다. 그리고 교회 오래 다녔으니까, 집사도 되고 권사도 되고 장로도 됐으니까 내 신앙도 그만큼 성장했을 것이라고 생각하지만, 그건 착각입니다. 진정한 의미의 신앙이 아닙니다.

성경을 읽어보면 어떤 사람은 예수님의 말씀을 듣고 곧바로 신앙으로 돌아오고, 어떤 사람은 예수님과 오랫동안 친분을 맺었으면서도 떠나버리고 맙니다. 또 교회에 다니면서도 어떤 사람은 아주 짧은 기간 안에 신앙이 깊어지고, 어떤 사람은 교회를 오래 다녔지만, 여전히 방황하는 것을 볼 수 있습니다. 왜냐하면 문제의식이 없기 때문입니다. 그래서 사회인이나 우리 신앙인이나 항상 자기 나름대로의 어떤 문제의식, 예를 들어 '진리가 무엇인가?'라든지 '나라를 사랑한다는 것이 무엇인가?'라든지 '이웃과 어떤 인간관계를 맺어야 하는가?'라는 문제를 가지고 교회에 오면 교회는 어떤 문제든 그것을 해결할 열쇠를 줍니다. 그런데 아무 문제도 없이 그저 다니기만 하면 교회 오기 전이나 온 후에나 변함없이 똑같은 삶이 반복될 뿐입니다.

문제의식을 가진 사람은 어떻게 달라질까요? 제가 대학에 다닐 때 일입니다. 크리스마스 날 아침이 되어 오늘이 크리스마스이니 성경 읽고 마음의 준비도 하면서 하루를 맞이해야겠다는 생각으로 성경을 읽는데 "너희가 내 말에 거하면 참으로 내 제자가 되고 진리를 알지니 진리가 너희를 자유롭게 하리라"(요 8:31-32)라는 구절이 마음속에 박혔습니다. 그 말씀이 너무 좋아서 인생을 살면서 예수님의 말씀에 머물러서 진리를 깨닫고 그 진리가 참 자유를 내게 줄 수 있었으면 좋겠다고 생각하고 있었습니다.

그때 노크소리가 나서 나가보니 하숙집 2층에 사는 저보다 두 살 위인 서형이 왔습니다. 그가 제 방에 들어오더니 "뭐야? 바이블이야?" 하고 묻더니 들추고 읽기 시작했습니다. 읽

신앙과 문제의식

고 또 읽고 하더니 "이거 누구 이야기야?" 하고 묻기에 예수님 얘기라고 대답했습니다. 또 "예수님이 정말 우리에게 진리와 자유를 주시는가?" 하고 물어서 제가 "많은 사람이 그렇게 깨닫고 실천했고 나도 그렇게 믿는다. 참 자유가 어디 있을까 생각해보면 예수님의 마음과 가르침을 믿고 따르는 사람에게 있다고 생각한다"고 대답했습니다. "그런 얘기를 자신 있게 할 만큼 예수님이 훌륭해?"라고 또 묻기에 그렇다고 대답하니, "그럼 왜 나보고 예수 믿으라고 얘기 안 했어?"라고 묻는 겁니다. "언젠가 서형도 문제가 있으면 믿게 될 것이다. 믿고 안 믿는 건 누구 권고에 따르는 것이 아니니까"라고 대답했습니다. 그말에 서형은 "그래? 그럼 나도 믿으면 진리와 자유를 받아들일 수 있을까?"라고 관심을 보였습니다. 그건 서형의 선택이라고 말했더니 같이 식사하자며 저녁에 뭐 할 거냐고 물었습니다. 내가 "오늘이 크리스마스라 11시에 교회에 갈 것"이라고 대답하자 자기도 교회에 데려가 달라는 겁니다.

둘이 산책을 하고 11시에 교회에 갔습니다. 서형은 세상에 태어나서 그날 처음 교회에 갔던 것입니다. 그리고 예배를 다 드리고 교회를 나오는데 서형이 안 나와서 들여다보니 빈 예배당 앞자리에 혼자 앉아 있었습니다. 가만 생각해보니까 서형이 무언가 마음에 상당히 큰 충격을 받고 마음을 정리하기 위해서 있는가 싶어서 저 혼자 집에 왔습니다. 집에 있는데 오후 늦게 돌아온 서형이 내 방에 들러서는 "나도 믿기로 했다"고 말했습니다.

제가 "그렇게 쉽게 믿을 수 있었어?"라고 물었더니 "목사님 설교나 다른 것 때문이 아니고 내가 읽은 책이나 어느 누구에게서도 '내가 너희에게 진리를 알게 해주어 진리가 너희에게 자유를 주리라'고 약속받은 적이 없었어. 그런 약속을 해준 분은 예수님밖에 없어"라면서 이제 더 이상 방황하지 말고 그분을 따라가야겠다고 말했습니다. 그렇게 서형은 그날로 그리스도인이 됐습니다.

이런 선택은 정신적인 측면의 변화이지만, 그런 마음가짐으로 인해 그 사람의 생활이 변하고, 다른 사람을 대하는 태도도 달라졌습니다. 저는 그때 그 일을 경험하고서 '마음속에 늘 진리를 갈구하는 문제의식이 있는 사람은 저렇게 순식간에 예수님을 받아들일 수도 있구나' 하고 놀라워했던 기억이 있습니다.

신앙생활을 하면서 저 자신이나 주변 사람들에게서 흔히 볼 수 있는 것은 목사님이나 교회 지도자들에게 실망하고 회의를 느끼는 것입니다.

'왜 교회를 떠나는가?' 하는 문제를 많이 다뤘는데 주로 '목사님에게 실망했다. 장로들에게 실망했다. 또 교회에 가서 실망했다'는 이유로 교회를 떠난 이들이 대부분입니다. 그중 가장 마음 아프고 어려운 때는 자신을 신앙으로 이끌어주신 좋은 목사님이 말년에 가서는 신앙은 유지한다고 하지만, 사회적으로 존경받지 못하고 인간의 품격을 잃어버리는 경우입니다. 그런 경우에는 사람에 대해 많이 실망하게 됩니다.

저도 살면서 사람에 대해 실망하고 마음 아팠던 경험이 있습니다. 어려서 건강이 무척 안 좋았던 탓에 곧잘 쓰러져 의식을 잃곤 했습니다. 친구들과 놀다 쓰러지면 어머니가 밭에서 농사를 짓다 말고 뛰어와서 나를 끌어안고는 "깨나라, 깨나라"라고 울부짖으며 제가 깨어나기를 기다리셨습니다. 얼마 있다가 눈을 떠보면 어머니가 하도 많이 울어서 그 눈물이 내 얼굴에 가득 차곤 했습니다.

어머니는 제가 죽음의 문턱까지 갔던 경험을 했기 때문에 중학교 보내는 것도 단념하고 아들이 스무 살까지만 사는 걸 봤으면 좋겠다고 할 정도였습니다. 그렇게 건강 때문에 제 인생은 일찌감치 끝났다고 여겼습니다. 그때가 열네 살이었는데, 수없이 기도를 드리면서 부모님이나 의사는 못해도, 하나님이 계시다면 하나님은 저에게 희망을 줄 것이라는 생각으로 신앙을 가지게 되었습니다. 하지만 당시 신앙에 대해 구체적으로 이해하지는 못했습니다.

숭실중학교 1학년 때 그 옆에 숭실 전문학교(현 숭실대학교)에서 1년에 한 번씩 학생들을 모아놓고 부흥회를 열었습니다. 저는 크리스마스 때 저 부흥회에 한번 가봤으면 좋겠다는 생각에 중학생이라고 안 들여보내주면 쫓겨날 각오를 하고 가봤습니다. 다행히 쫓겨나지 않고 맨 앞자리에서 설교를 들었습니다. 장로교를 대표하는 윤인구 목사님과 감리교를 대표하는 김창준 목사님이 설교를 하셨는데 그때 어린 마음에도 그 두 분 설교가 그렇게 인상 깊을 수가 없었습니다. 윤인구 목사님의 설교는 지금도 기억이 생생합니다. 그러는 동안에 저도

신앙과 문제의식

성경을 비롯해 많은 책을 읽으면서 신앙이 조금씩 자랐습니다. 어느덧 해방이 되고 대학 졸업한 뒤, 삼팔선을 넘어 남한으로 내려왔습니다.

감리교를 대표하는 김창준 목사님은 이북에 그냥 계셨는데, 나중에 알고 보니 그분이 김일성 정권 밑에서 기독교 연맹 총재가 되었습니다. 한국전쟁이 나기 전에 김일성이 우리 대한민국 정부에 조만식 장로를 보내줄 테니까 서대문 교도소에 있는 공산당 대표 책임자 이주하, 김삼룡 두 사람과 맞바꾸자는 제안을 했습니다. 그 제안을 한 사람이 누군가 했더니 김창준 목사였습니다. 김일성 정부가 제안하면 우리 정부에서 안 믿을 테니 기독교 연맹 총재가 제안하는 식으로 작전을 짰던 것입니다. 어쨌든 그 일이 성사되지 않고 전쟁이 일어났습니다.

당시 전후 사정이야 모르지만, '그분이 북한에서 그런 책임을 맡으실 분은 아닌데, 그곳은 신앙이 유지되는 곳이 아닌데, 왜 그런 실수를 하셨을까?' 하는 생각을 좀 많이 했습니다. 교계 지도자가 된 목사님들 가운데서 예수님의 말씀이 자신의 인생관이 되고 가치관이 되지 않고 교회를 이끌어가는 행정이나 교리를 자신의 신앙보다 중시했던 분들이 그런 실수를 하는 것 같습니다. 그래서 그에게 실망한 사람들이 떠나게 되는 것입니다.

오랫동안 신앙생활을 하면서 깨달은 것은, 사람들이 저마다 신앙을 가진다는 것은 자기 마음의 그릇을 가진다는 것이고 그 마음 그릇의 크기대로 예수님이 채워주신다는 점입니다. 마음의 그릇이 작은 사람은 작은 문제의식만 가지고 있어서 그것을 가지고 예수님한테 구하면 예수님은 거기에 맞게 채워주십니다. 어떤 사람은 큰 문제를 가지고 가서 구하니까 예수님은 또 거기에 맞게 채워주십니다. 또 진정한 의미의 애국심을 가진 사람은 더 큰 그릇을 가지고 가니까 주님께서는 또 거기에 맞게 채워주십니다.

어떤 그릇을 가지고 가느냐에 따라 예수님이 주시는 복이 달라집니다. 그러니까 내 그릇에 넘치는 건 받을 수가 없다는 의미입니다. 또 하나는 큰 그릇이나 작은 그릇이나 깨끗한 그

룻을 가져가야 예수님께서 믿음의 복을 주시지 더러운 그릇에는 안 주신다는 것입니다. 그 사람의 인격과 나름대로의 그릇에 맞는 것을 주시니까 내가 많이 받았다고 해서 자랑스러운 것도 아니고, 또 신앙의 그릇이 작다 해서 부끄러운 것도 아닙니다. 그것 역시 그 사람에게 적합한 신앙입니다.

그런데 한 가지 명심할 것이 있습니다. 이왕 신앙생활을 할 바에는 올바른 신앙을 가져야 하고, 다른 사람에게 도움을 베풀 수 있는 모범적인 신앙을 가져야 한다는 것입니다. 그것은 우리에게 주어진 책임이라고도 할 수 있습니다.

한번은 어느 고등학생이 "성경 읽어보니까 하나님이 제사장에게 거짓말을 시키시던데요. 선생님은 어떻게 생각하세요?" 하고 물었습니다. 무슨 내용을 가지고 그런 말을 하는지 들어보니 사무엘이 다윗에게 기름 부으러 갈 때의 얘기였습니다(삼상 16:1-5 참조). 하나님이 사무엘에게 "너 다윗에게 가서 기름을 붓고 왕으로 만들어라"라고 말씀하시니까 사무엘이 두려워하며 "사울왕이 알게 되면 나를 죽일 테니 못 갑니다"라고 말했습니다. 그러자 하나님께서 "그러면 기름 부으러 왔다고 얘기하지 말고, 암송아지를 끌고 가서 여호와께 제사를 드리러 왔다고 하라"라고 이르셨습니다. 그러자 사무엘이 그제야 다윗에게 기름 부으러 가겠다고 했습니다.

어른인 우리는 발견하지 못해도 고등학생의 눈에는 그렇게 보였던 것입니다. 성경은 은혜를 받아들이는 은총의 기록이지 그 내용을 곧이곧대로 해석하면 안 됩니다. 우리가 성경을 읽을 때 그 시대 상황에만 해당되는 사실은 배제해야 합니다. 버릴 것은 버리고 역사를 통해서 남길 만한 것, 즉 본질적인 것은 남겨야 합니다.

요즘 제가 2, 3년 동안 교회 설교도 가고 기독교 강좌를 맡으면서 제일 많이 뽑은 본문말씀을 보니까 두 가지였습니다. 그중 하나는 안식일에 대한 교훈입니다.

예수님의 제자들이 밀밭을 지나가다가 점심때가 되어 시장하셨습니다. 그래서 밀 이삭을 손으로 비벼 그 알곡을 드셨습니다. 그것을 본 바리새파들이 예수님한테 "왜 일을 하면 안 되는 안식일에 밀 이삭 비비는 일을 했느냐?"고 따져 물었습니다(눅 6:1-2 참조). 그 사람들은 안식일을 잘 지키기 위해서 지팡이를 짚고 다니지 않았습니다. 안식일은 무조건 쉬라고 했는데 지팡이로 땅을 파는 것은 일이기 때문입니다. 그렇게

신앙과 문제의식

어떤 행위가 일이다, 아니다 하는 것을 가지고 안식일을 지키는지 여부를 판단했습니다. 그러니까 안식일이 인간의 생활을 구속한 것입니다. 안식일의 계명만 그런 것이 아니라 다른 계명도 마찬가지였습니다.

하지만 예수님이 우리에게 가르쳐준 것은 쉽게 말하면, 안식일이 사람을 위해 있지 사람이 안식일을 위해 있는 것은 아니라는 것입니다. 구약의 십계명을 가지고 살던 시대에 그런 말을 했다면 예수님은 아마 종교재판에서 사형선고를 받았을지도 모릅니다. 있을 수 없는 일이거든요. 하지만 예수님은 그 문제에 대해 이렇게 말씀하셨습니다. "안식일에 선을 행하는 것과 악을 행하는 것, 생명을 구하는 것과 죽이는 것, 어느 것이 옳으냐"(눅 6:9). 말하자면, 율법과 계명이 사람을 위해 있는 것이지 사람이 율법과 계명에 구속을 받거나 노예가 되어서는 안 된다라는 의미로, 인간해방이라고 할 수 있습니다. 좀 더 강하게 해석하면 '너희는 종교를 가지고 사는 것을 자랑으로 여기는데 종교가 사람을 위해 있는 것이지 사람이 종교를 위해 있는 것이 아니다'라는 의미입니다.

예수님이 오셔서 계명과 율법 중심의 신앙에서 사랑을 실천하는 인간 중심의 신앙으로 바뀌었습니다. 우리는 교리를 믿는 단계에서 벗어나 그리스도의 은혜와 사랑을 믿는 더 높은 단계로 올라선 것이라고 할 수 있습니다. 예를 들어 이슬람국가의 사람들은 아직도 교리를 믿고 삽니다. 교리는 인간을 구속합니다. 천주교도 교회법이 따로 있습니다.

그런데 예수님이 오셔서 하신 말씀은 '교리 걱정은 하지 마라. 모든 계명과 율법과 교리는 인간을 위해서 도움이 되면 좋은 것이지만 인간에게 도움이 되지 않으면 버리는 것이 낫다'라는 것이었습니다. 보수적인 교회의 목사님들은 좀 이해하기 어렵겠지만, 그것이 예수님의 뜻입니다. 예수님이 만약 율법과 계명을 중시하는 구약의 시대로 돌아가라고 하면 우리는 못 갑니다. 왜냐하면 그것은 유대교지 기독교가 아니기 때문입니다.

신앙의 가장 높은 단계는
그리스도를 만나는 것

우리가 지금까지 말한 것과 비슷한 사례가 앞에서도 소개했던 요한복음 4장에 나오는 수가성의 사마리아 여인에 대한 이야기입니다. 그녀는 도덕과 윤리적으로는 거의 버림받은 여인이지만, 사마리아인들 전체가 가지고 있는 종교 문제에 대해서는 대단히 열성적인 사람이었습니다. 그녀가 예수님과 우물가에서 얘기하다가 물었던 첫째 질문이 "우리는 예루살렘에 갈 수가 없어서 그리심산에서 예배드리고 당신네 유대인들은 예루살렘 성전에서 예배드려야 한다고 하는데 어디서 예배를 드리는 것이 맞습니까?"였습니다. 그 질문에 예수님은 어디서 예배를 드려야 한다는 말씀은 안 하시고 예루살렘이다, 그리심산이다 하고 따지는 생각은 버리라고 하셨습니다. 왜냐하면 예수님이 우리에게 주는 신앙은 그런 공간신앙, 형식과 계명과 외형적인 형식을 따지는 종교가 아니기 때문입니다. 이제는 때가 왔으니 성전이 최고라는 공간신앙을 버려야 한다는 의미였습니다.

사마리아 여자가 때가 왔다는 예수님의 말씀을 듣고서 "맞습니다. 메시아가 오시면 이것이 문제가 되겠습니까?" 하니까 예수님이 "너와 얘기하고 있는 내가 메시아다"라고 하셨습니다.

중세시대의 기독교가 실패한 원인이 지나치게 화려하고 웅장한 성당을 짓느라 무리하게 헌금을 걷었기 때문이 아닙니까? 그런 공간신앙은 낮은 단계의 신앙입니다. 공간신앙에서 가장 큰 실수는 십자군 전쟁입니다. 예수님의 고향에 있던 성전을 되찾는다는 미명하에 전쟁을 일으켰고 그로 인해 얼마나 많은 사람이 죽었습니까? 그만큼 인류가 역사적으로 좀 유치했습니다. 그런데 지금도 이슬람교, 불교 등 다른 모든 종교가 공간신앙입니다. 구약의 종교 역시 공간 신앙적 요소를 많이 가지고 있었고요.

가만 보면 세상의 모든 종교가 마찬가지입니다. 자연종교이기 때문입니다. 일 년에 한 번씩 메카를 순례하고 하루에 다섯 번씩 메카를 향해서 절하며 기도하는 이슬람교는 장소와 위치를 절대적으로 중시하는 공간신앙입니다. 불교 역시 부처님 형상이 있어야 절하고 불공드리거든요. 그런 신앙은 전부 공간신앙입니다. 하지만 이제는 마음의 신앙, 역사적 신앙의 단계로 올라와야 합니다.

이런 예들을 보면 신앙에는 3단계가 있는데, 가장 낮은 단계인 공간신앙은 다 버리고 그다음 단계인 마음의 신앙, 역사적인 신앙을 가져야 함을 알 수 있습니다. 그리고 마지막 신앙의 단계는 그리스도를 만나는 것입니다. 그리스도를 만나

신앙과 문제의식

지 않으면 참다운 신앙이 아닙니다.

　인간에게는 감정과 이성(의지)이 있는데, 이성 중심의 신앙, 의지적인 신앙을 가진 사람들은 대부분 신학자, 즉 학문하는 사람들이거나, YMCA운동 등을 펼치는 사업가적 기질이 있는 사람들입니다. 또 감정적인 신앙을 가진 사람들은 울고 박수치면서 흥분하는 것처럼 자신의 감정에 호소하는 것을 신앙으로 여깁니다. 인간이 계명이나 율법이나 교리를 믿는 단계에서 벗어나서 인간 중심의 신앙을 찾긴 했는데, 이처럼 다시 한쪽으로 치우치는 신앙을 가지게 되면 완전한 신앙을 가지는 것이 점점 어려워집니다. 종교는 이성적인 측면만이 아니라 정서적인 측면도 강해서 그쪽으로 너무 빠지면 감정적으로 흐릅니다. 또 이지적인 측면으로 치우치면 교회를 사업체처럼 여기고 자꾸 일을 벌이거나 저 같은 학자들은 하나님을 연구만 하게 됩니다.

　얼마 전 어떤 제자가 저에게 "아무리 연구해도 하나님이 안 나타나요"라고 말하기에 내가 농담조로 "당신이 연구해서 하나님 나타나면 너도나도 하나님 만나려고 연구했겠네요"라고 대답했습니다. 그가 "그럼 하나님을 어떻게 느낄 수 있습니까?"라고 물었습니다. 그래서 제가 깨닫고 느끼는 하나님은 어떤 하나님인지 비유를 하나 들어 말해줬습니다.

어느 아버지에게는 어린 외동딸이 있었는데 생일날 깜박 잠이 들었다가 깨어보니 평소에 갖고 싶었던 모든 것이 다 갖춰진 침실에 누워 있는 겁니다. 깜짝 놀라 창밖을 보니 꽃이 만발한 정원이 있는 아주 훌륭한 집이었습니다. 이런 곳에서 사는 것이 소원이었는데 어찌 된 일인가 생각하다가, 혹시 남의 집이 아닐까 하는 두려운 생각에 밖으로 뛰어나왔습니다. 그런데 정원에 있던 아버지가 딸을 반갑게 맞이합니다. 딸이 어떻게 남의 집에 와서 잠들었는지 모르겠다고 하니까 아버지가 꼭 안아주면서 이렇게 말합니다. "너는 나에게 하나밖에 없는 딸이니 아버지로서 이번 생일선물로 무엇을 줄까 생각하다가 네가 좋아하는 것 다 장만하고 널 위해서 정원도 만들어놓고 잠든 널 이리로 안아 데려온 것이다. 이것 모두 내가 널 위해 만든 것이니 이제 우리 함께 여기서 살자." 그제야 비로소 마음이 놓인 딸이 아버지에게 고맙다고 말합니다.

딸을 향한 아버지의 사랑이 느껴지는 이야기 아닙니까? 우리도 하나님을 만나려면 우리에게 모든 것을 주시는 그분의 사랑을 느껴야 합니다. 따라서 신앙의 마지막 단계에는 우리가 그리스도를 만나야 합니다. 그리스도를 만날 때는 인간의 모습으로 만나게 되고 그러면 그 모습이 그리스도가 됩니다. 그래서 인격적인 신앙이라고 하는 것입니다.

지금 와서 가만 생각해보면 제가 열네 살 때 드렸던 기도, 즉 "하나님, 부모님도 의사도 어떻게 할 수 없지만, 내 인생을 이대로 끝낼 수는 없습니다. 그러니 하나님께서 저에게 건강을 주시면 제 건강이 허락하는 동안 저의 일 하지 않고 하나님의 일을 하겠습니다. 저를 버리시든지 하나님의 일을 위해서 저를 택하시든지 해주십시오"라고 했던 기도를 하나님께서 들어주셨다는 것을 깨닫게 됩니다.

열네 살 때 그런 일을 겪고, 스물네 살 때 학도병 문제를 겪고, 또 해방을 겪고, 피난을 하는 어려운 일들을 겪을 때마다 기도를 드렸습니다. 그런 후에 나는 다 잊어버렸는데 하나님께서는 그것을 기억하시고 약속을 지켜주셨습니다. 이처럼 하나님께서는 때가 되면 다 책임지시는 분입니다.

지금은 제가 나이도 많고 통일되지 않으면 고향에 못 가지만, 혹시라도 고향에 가게 되면 제일 먼저 가고 싶은 데가 14, 15세

때 산에 올라가서 기도드렸던 소나무 밑 바윗돌이 있는 곳입니다. 그 바윗돌 위에 서서, "주님, 오랜 세월이 지나서 제가 여기에 다시 왔습니다. 그때 제가 드렸던 약속을 잊은 채 살았는데 이제 와서 보니 하나님이 그 약속을 들어주시고 하나님의 뜻을 이루신 것을 알겠습니다"라고 고백하고 싶습니다.

그런 생각을 하다 보면 떠오르는 인물이 있습니다. 바로 야곱입니다. 야곱은 자신의 이익을 잘 챙기는 사람으로 심하게 말하면 이기주의자였습니다. 그런 야곱이 두려움에 떨며 벧엘에서 기도하는 것을 보십시오. '하나님께서 이렇게 저렇게 다 해주시면 제가 하나님을 내 하나님으로 믿겠습니다'라고 말할 정도였거든요. 그래도 하나님은 그 약속을 다 지켜주시고 야곱도 하나님의 사랑을 깨닫고서 "내 인생의 모든 것은 하나님이 하셨다"고 고백합니다.

저 역시 '내 인생을 내가 선택한 줄 알았는데 돌아보니 주님께서 선택하셨구나. 주님께서 당신의 하늘나라를 위해서 크고 작은 모든 일들을 선택하셨구나'라는 것을 깨닫게 됩니다. 그럼 나는 어떻게 살아야 할까요? 항상 새로운 사명을 느끼면서 살아야 합니다. 오늘 하루도, 올해 1년도, 앞으로 오게

신앙과 문제의식

될 10년도 주님께서 나한테 맡겨주신 사명을 가지고 사는 것입니다.

구술했던 내용을 저서로 탈바꿈할 수 있도록 수고해 준 두란노 편집부의 여러 분과 여러 가지로 출간되도록 협조해 준 이종옥(아가페의집) 이사장께 감사의 마 음을 드립니다.